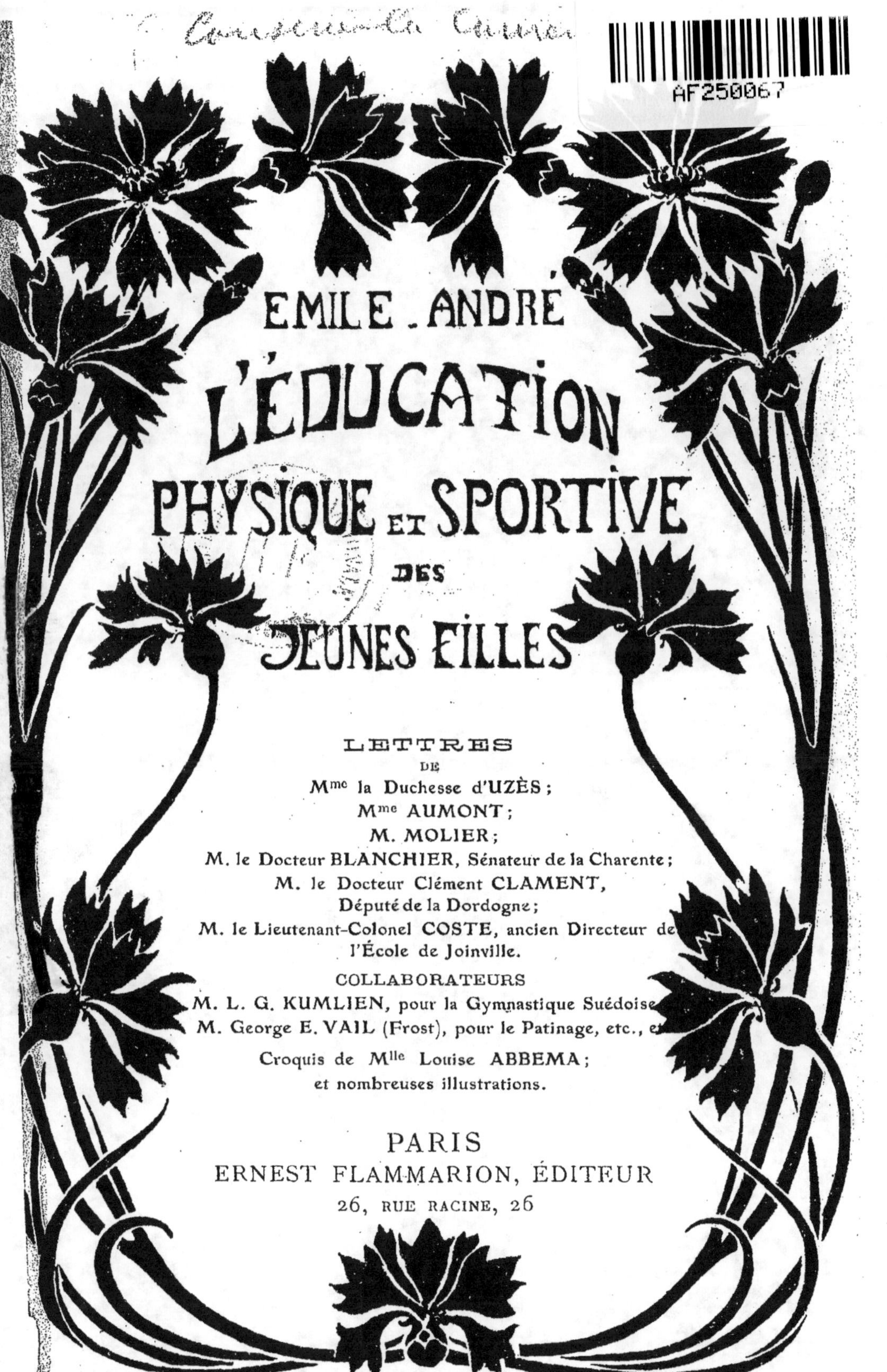

L'ÉDUCATION PHYSIQUE ET SPORTIVE DES JEUNES FILLES

LETTRES

DE

Mᵐᵉ la Duchesse d'UZÈS ;

Mᵐᵉ AUMONT ;

M. MOLIER ;

M. le Docteur BLANCHIER, Sénateur de la Charente ;

M. le Docteur Clément CLAMENT,
Député de la Dordogne ;

M. le Lieutenant-Colonel COSTE, ancien Directeur de
l'École de Joinville.

COLLABORATEURS

M. L. G. KUMLIEN, pour la Gymnastique Suédoise ;

M. George E. VAIL (Frost), pour le Patinage, etc., et

Croquis de Mˡˡᵉ Louise ABBEMA ;

et nombreuses illustrations.

PARIS

ERNEST FLAMMARION, ÉDITEUR

26, RUE RACINE, 26

L'Éducation Physique et Sportive
DES JEUNES FILLES

DU MÊME AUTEUR

La Gymnastique Suédoise, manuel de gymnastique rationnelle à la portée de tous et à tout âge, d'après la méthode de M. L.-G. Kumlien, médecin-gymnaste de Stockholm, professeur à Paris, (183 illustrations), E. Flammarion, éditeur. Prix. 3 50

L'Art de se défendre dans la rue (Résumé des parties les plus simples et les plus pratiques de la boxe, de la lutte, du maniement de la canne, etc., 66 illustrations), E. Flammarion, éditeur. Prix. 2 »

100 Façons de se défendre dans la rue SANS armes, (50 illustrations), E. Flammarion, éditeur. Prix. 0 75

100 Façons de se défendre dans la rue AVEC armes, (20 illustrations), E. Flammarion, éditeur. Prix. 0 75

100 Coups de Jiu-Jitsu (50 illustrations), E. Flammarion, éditeur. Prix. 1 25

Les Trucs du Duel (pistolet, épée, sabre), E. Flammarion, éditeur. Prix. . . . . 2 »

Les Duels Franco-Italiens (documents inédits et nombreuses illustrations), E. Flammarion, éditeur. Prix 3 50

L'Escrime du Sabre à cheval (en collaboration avec L. Alessandri, ex-adjudant maître d'armes à la Garde républicaine), E. Flammarion, éditeur. Prix. . . . . 2 »

Le Jeu de l'Épée (en collaboration avec Jacob); préfaces de MM. Paul de Cassagnac, Ranc et Anatole de La Forge. Ollendorff, éditeur. Prix. 3 50

Manuel d'Escrime (Fleuret, épée, sabre), 92 illustrations. Garnier, éditeur. Prix. 3 50

Les Cabotins du Sport, roman. Félix Juven, éditeur. Prix. 3 50

ÉMILE ANDRÉ

L'Éducation

Physique et Sportive

des

JEUNES FILLES

LETTRES

DE

Mme la Duchesse d'UZÈS;
Mme AUMONT;
M. MOLIER;
M. le Docteur BLANCHIER, Sénateur de la Charente;
M. le Docteur Clément CLAMENT, Député de la Dordogne;
M. le Lieutenant-Colonel COSTE, ancien Directeur de l'École de Joinville.

COLLABORATEURS

M. L. G. KUMLIEN, pour la Gymnastique suédoise;
M. George E. VAIL (Frost), pour le Patinage, etc., etc.

*Croquis de Mlle Louise Abbema
et nombreuses illustrations.*
Dessin de couverture par M. H. Hissard.

PARIS

ERNEST FLAMMARION, ÉDITEUR

26, RUE RACINE, 26

Lettres

et

Avant=Propos

Ce livre n'est pas consacré uniquement aux sports. Il a trait, tout d'abord, à l'éducation physique proprement dite, dont la base est formée par une méthode de gymnastique vraiment rationnelle.

Les sports pouvant convenir plus ou moins aux jeunes filles, aux femmes, ont été déjà l'objet de petites « enquêtes ».

C'est ainsi qu'à l'occasion d'une enquête faite par la *Revue* (1), Mme la duchesse douairière d'Uzès écrivit une première réponse sur ce sujet :

Lettres de Mme la duchesse d'UZÈS.

Certainement, Monsieur, que tous les sports sont hygiéniques du moment qu'ils n'entraînent pas à une fatigue exagérée.

Je crois, comme vous, que ce genre n'est pas la conséquence d'une simple mode ou *chic*, mais l'engrenage de mœurs nouvelles...

Tout se modifie : le temps n'est plus aux femmelettes de chaise longue qui ne sont pas des femmes, mais des objets d'étagères !

---

(1) Le questionnaire suivant avait été proposé par M. E. Le Comissel d'Arnaville, pour la *Revue* :

« 1° La Femme cesse-t-elle d'être Femme en s'adonnant aux exercices physiques rangés sous la dénomination générale de sports ?

« 2° Ces récréations sont-elles pour la Femme moderne une diversion salutaire ou faut-il les considérer comme une sorte d'engouement nuisible pour son avenir ? »

Je ne parle pas de la courtisane (vulgo cocotte) pour laquelle j'ai toujours professé le plus profond mépris.

Je suis féministe, mais, je le crois du moins, dans le bon sens, parce que la femme étant la gardienne du foyer, plus vous élevez la femme, plus vous élevez la famille.

Voilà pourquoi je ne crains pas, au contraire, qu'une mère, une épouse, une sœur, une fille suive plus ou moins ses fils, mari, frère ou père dans ses sports.

Voyons, une femme qui sait affronter tous les dangers pourrait-elle avoir un fils qui connaisse la peur ?

Vous m'avez demandé mon sentiment, le voilà, Monsieur, avec l'assurance de mes sentiments distingués.

Duchesse d'Uzès, Douairière.

Désirant avoir quelques impressions complémentaires... et inédites de Mme la duchesse d'Uzès, je pris la liberté de lui adresser deux ou trois questions dans le même ordre d'idées.

Je demandai, par exemple, pourquoi certains sports tels que l'équitation, l'escrime, etc., comptent moins de ferventes parmi les Françaises que parmi les Anglaises ?

Autre question proposée : « Certains sports n'ont-ils pas, outre leur utilité comme exercices physiques, l'avantage d'étendre les relations mondaines des jeunes filles, et de mieux permettre à celles-ci d'étudier le caractère des jeunes gens prenant part aux mêmes distractions sportives. En somme, n'amènent-ils pas des mariages en meilleure connaissance de cause de part et d'autre ? »

Mme la duchesse d'Uzès a bien voulu me répondre en ces termes :

Je n'ai pas grand'chose à ajouter à ce que j'ai déjà dit sur ce sujet, Monsieur, je n'ai pas changé de sentiment et continue à croire que l'exercice physique est une bien meilleure condition de santé pour la femme que la chaise longue, ou les veillées quotidiennes.

Vous me demandez pourquoi l'équitation et l'escrime trouvent moins de ferventes parmi les Françaises que parmi les Anglaises ; mais je crois que cette question est en retard de 50 ans !

Les Françaises montent à présent à cheval autant que les Anglaises ; quant à l'escrime, je l'ignore, ayant trouvé ce sport parfaitement ridicule pour une femme, je ne l'ai jamais pratiqué.

Mais où les Françaises sont en avance sur les Anglaises, c'est à la chasse à tir. Je connais des jeunes femmes, et même quelques jeunes filles, qui tirent *réellement* très bien.

Il est possible, puisque vous me demandez mon avis sur ce dernier point de vue, que les sports soient un moyen de se connaître davantage afin de consacrer des unions, consenties autrefois sur de simples convenances, et en ceci je ne pourrais qu'en apprécier et en recommander l'usage à la jeunesse.

Croyez à mes sentiments distingués.

MORTEMART, duchesse d'Uzès.

17 février 1907.

Mme Aumont, femme du docteur, — si connu non seulement comme médecin, mais comme sportsman, spécialement dans le monde des armes, — est elle-même une sportswoman accomplie. Impossible de porter plus élégamment le costume des amazones de la Société « L'Étrier » où elle a dirigé de brillantes reprises avec une véritable science équestre. Plusieurs autres sports lui sont également familiers. Elle a bien voulu m'adresser la lettre suivante:

Lettre de Mme AUMONT.

Monsieur,

Vous me demandez mon appréciation sur les qualités sportives de la femme.

On a dit que le monde « tournait autour de son sourire ».

C'est dire qu'en matière de sport elle devra conserver le charme de la faiblesse native. A cheval, par exemple, la position du califourchon à laquelle sa conformation ne semble pas l'avoir destinée, me choque, et me ferait presque regretter les vieilles traditions françaises qui nous la représentaient chevauchant noblement sur de blanches haquenées.

Ce temps d'allures paisibles a disparu, et cependant, suivant une chasse à courre et sautant tous les obstacles sur un pur sang, l'amazone se trouve très bien de l'ancienne posture à peine modifiée.

A califourchon, elle perd certainement de sa solidité et de son esthétisme.

Le costume, sous l'influence anglaise, a été suffisamment masculinisé, pour que nous ne cherchions pas à nous rapprocher davantage de la tenue du sexe fort. Dans tous les cas ce sport est certainement le plus noble et le plus gracieux que puisse pratiquer la femme.

Quant aux autres sur lesquels vous me demandez mon avis, tennis... golf..., je les considère d'une pratique plus facile, mais également très agréable. Ils ont, avant tout, la grande vertu de nous faire prendre un exercice salutaire dans un site charmant, d'être un but de réunion, et de nous offrir l'intérêt du jeu.

L'absence de brutalité de ces sports nous permet d'y briller suffisamment pour nous les faire aimer.

Le hockey, dont vous me parlez, me semble d'allures trop garçonnières pour avoir un réel succès parmi les Françaises.

Croyez, Monsieur, à mes sentiments distingués.

B. Aumont.

Sur l'importance de l'éducation physique vraiment rationnelle pour la femme, je tenais à avoir quelques consultations médicales.

Il s'agit là de questions d'ordre social en même temps que d'ordre scientifique.

Je ne pouvais mieux m'adresser, à ce double point de vue, qu'à MM. le Dr Blanchier, sénateur de la Charente, et le Dr Clément Clament, député de la Dordogne.

Lettre de M. le Dr BLANCHIER,
Sénateur de la Charente.

Mon cher ami,

Poursuivant tes intéressantes études sur les divers exercices physiques qui sont en honneur dans nos sociétés modernes, tu te proposes de faire un livre sur l'*éducation sportive des jeunes filles*, et tu veux connaître mon sentiment sur l'utilité qu'il peut y avoir à introduire la gymnastique et les sports dans l'éducation des jeunes filles.

Je pense, mon cher ami, que le *mens sana in corpore sano* des anciens s'applique tout aussi bien à la femme qu'à l'homme, et j'estime en conséquence que tout ce qui peut développer et fortifier le corps est également utile à l'un et à l'autre sexe.

Ce n'est pas que je veuille conseiller aux jeunes Françaises de se livrer à certains jeux ou sports fort en vogue chez un peuple voisin. Non ; je me garderai bien de préco-

niser pour nos jeunes filles les exercices violents qui ne
sont réellement utiles à personne. En dehors des accidents
graves auxquels ils exposent tous ceux qui s'y livrent, ces
exercices sont trop souvent nuisibles à la santé même des
jeunes gens, et ils le seraient encore plus à la santé des
jeunes filles.

Mais il est des exercices de plein air qui demandent
moins de force réelle que d'adresse ; il est une gymnastique qui, sans présenter aucun danger, peut entretenir le
corps dans un excellent et désirable état de santé. Ces divers exercices sont d'autant plus nécessaires à la santé de
la jeunesse que celle-ci vit davantage dans les villes et se
livre de moins en moins à la marche et à tout travail physique.

C'est sans doute cette gymnastique rationnelle que tu
te proposes de faire connaître et d'encourager, et je ne
puis que t'approuver et t'applaudir ; car j'estime qu'il est
nécessaire de l'introduire dans tous nos lycées et collèges —
ceux des filles aussi bien que ceux des garçons — si nous
tenons à ce que notre race ne dégénère pas et résiste aux
divers surmenages que nous lui imposons.

Poussé par une sorte d'égoïsme inconscient, l'homme a
trop de tendance à oublier qu'il est né de la femme, et qu'il
lui doit en somme la majeure partie de ses qualités et de
ses défauts. Mais en négligeant l'éducation de sa compagne, en négligeant le corps et l'esprit de celle-ci, c'est son
propre corps, c'est son propre esprit qu'il néglige et com-
promet. Cette négligence coupable a souvent eu des conséquences funestes dont l'homme a été la première victime,
et il est grand temps qu'il reconnaisse son erreur.

Puisque partout aujourd'hui on crée des lycées et collèges de jeunes filles, qu'on y fasse pénétrer largement, avec le grand air et la grande lumière, un peu de bonne et franche gaieté ; et si l'on ne peut les bâtir au milieu des grands parcs, qu'on y aménage au moins de vastes préaux couverts sous lesquels les jeunes filles pourront se livrer, en toute sécurité, aux divers exercices physiques qui entretiendront leur corps dans un bon état de santé et leur permettront ainsi de mieux supporter les fatigues d'un travail intellectuel trop souvent exagéré par les programmes.

J'envisage surtout, comme tu le vois, mon cher ami, les exercices de gymnastique proprement dite, c'est-à-dire les exercices qui peuvent convenir à tous, pauvres et riches, puisqu'ils n'exigent, ou à peu près, aucune mise de fonds ; mais je ne suis point l'ennemi des sports, surtout de ceux qui ne présentent pas trop de dangers. La bicyclette et le cheval, par exemple, se prêtent à des exercices que je suis loin de blâmer ; mais ils ne conviennent pas toujours et en toutes circonstances à la femme, et, d'autre part, le cheval est un luxe qu'un très petit nombre seulement peut se permettre.

Ton bien dévoué.

Dr BLANCHIER.

Lettre de M. le Dr Clément CLAMENT,
Député de la Dordogne.

Mon cher ami,

Il y a quelque cinquante ans, le philosophe Spencer écrivait : « A table, en voyage, la manière d'améliorer la race chevaline, de dresser les chiens, fait l'objet de la plupart des conversations ; mais qui donc a jamais entendu dire un mot de l'élevage des enfants ? » Cette boutade est aujourd'hui encore toute d'actualité ; en effet, on continue à cultiver l'esprit, mais on néglige le corps ; c'est tout le contraire de ce que l'on faisait dans les temps primitifs : les deux conceptions de l'éducation, l'ancienne et la moderne, doivent se combiner ensemble.

L'enseignement secondaire des filles est à l'ordre du jour, et des fêtes récentes ont fourni l'occasion de constater les heureux progrès réalisés. Rien de mieux que l'extension de l'éducation intellectuelle de la femme, à la condition que l'éducation physique soit développée d'une façon parallèle et d'après une méthode vraiment rationnelle.

Soit pour elles-mêmes, soit pour l'avenir de la race, il est à souhaiter que les futures mères de famille bénéficient de plus en plus, dès l'école, dès le lycée, des avantages d'un entraînement physique approprié à leur usage d'une façon méthodique, scientifique ; en insistant sur ces questions primordiales, en expliquant avec clarté et précision les principes à suivre, tu fais vraiment une œuvre utile et saine et je t'en félicite.

A l'éducation physique proprement dite que constitue une gymnastique vraiment rationnelle, tu as joint des aperçus très intéressants sur divers sports. Certains chapitres forment même de véritables petits manuels pratiques, très ingénieux.

Avec raison, tu conseilles à tes lectrices de ne chercher à battre aucun record, d'être sportives sans excès, en sachant faire une sélection parmi les exercices qui leur vaudront : distraction, bonne humeur et santé.

Le choix parmi les sports est souvent imposé par le manque de fortune; heureusement il en est de peu coûteux, et ce ne sont pas ceux sur lesquels tu as le moins insisté. A cet égard tu rends service à un grand nombre de lectrices méritant bien, elles aussi, que l'on s'intéresse à elles et que l'on mette à leur portée des distractions sportives.

Bravo, pour ton excellent livre, et c'est encore le vieil Horace qui a raison : *Mens sana in corpore sano.*

Bien cordialement à toi.

Dr CLÉMENT CLAMENT,
Député de la Dordogne.

Le Lieutenant-Colonel Coste qui, en quelques années passées à l'école de Joinville, aura donné une si énergique et si heureuse impulsion, féconde en résultats, à la rénovation de l'éducation physique en France, a bien voulu m'adresser la lettre suivante :

Lettre de M. le Lieutenant-Colonel COSTE, ancien Directeur de l'Ecole de Joinville.

Mon cher ami,

Vous me demandez mon avis sur l'éducation physique des jeunes filles.

Je ne puis mieux faire que de vous communiquer quelques feuillets des épreuves d'un livre que je vais publier sous ce titre : « *L'Éducation physique en France — ce qu'elle est — ce qu'elle devrait être.* »

Choisissez à votre gré dans les pages ci-jointes.

Bien cordialement à vous.

LIEUTENANT-COLONEL COSTE.

Je suis tenté de choisir... tout dans les feuillets aimablement communiqués.

Le livre dont ils sont détachés traite généralement de l'éducation physique masculine ; mais il contient d'excellentes pages sur la « gymnastique Ling (1) et la femme ».

____

(1) Ling, créateur de la méthode suédoise.

Le Lieutenant-Colonel Coste explique d'abord les inconvénients d'une méthode défectueuse, telle que celle qui a été trop longtemps la seule pratiquée dans nos gymnases.

A ce point de vue, il ne fallait donc pas trop regretter que l'enseignement de la gymnastique pour les jeunes filles fût délaissé.

On a commencé à réagir; mais on est encore dans une période de transition, et l'on ne pratique pas un système d'éducation physique vraiment rationnel.

L'ancien directeur de l'École de Joinville écrit à ce sujet :

Depuis l'apparition de certains Manuels, s'inspirant peu ou prou des principes suédois, un mouvement contraire se dessine.

On commence à enseigner la gymnastique dans les écoles de jeunes filles, et nous avons pu, depuis deux ans, aux examens pour l'obtention du certificat d'aptitude à l'enseignement de la gymnastique, nous faire une idée précise de la valeur pédagogique des futurs professeurs de nos enfants.

Ces examens, plus encore que ceux des hommes, furent caractéristiques de l'insuffisance absolue de la nouvelle méthode employée. Impossible, en effet, de distinguer en la plupart de ces jeunes femmes la moindre marque d'un essai quelconque de culture physique.

Elles avaient, évidemment, fait de la gymnastique pendant un certain nombre d'années, puisqu'elles prétendaient l'enseigner — et elles ne savaient ni courir, ni sauter, ni même marcher... ni surtout respirer !

Sous leurs fins et jolis minois de Parisiennes — lumière d'un tableau où se voyaient trop d'ombres ! — elles étaient gauches, empruntées, d'une timidité ignorante et mala-

droite devant l'exercice le plus rudimentaire, le plus inof-
fensif.

Nous sera-t-il permis d'ajouter qu'elles n'avaient pas de
poitrine, ce qui était doublement fâcheux en l'espèce ! — et
qu'elles se distinguaient par le teint pâle, anémié des
jeunes filles dont rien n'est venu corriger le labeur intellectuel et la vie sédentaire ?

Et, malgré noüs, nos souvenirs se reportaient aux
groupes de jeunes filles et femmes suédoises (1) que nous
avons vues dans leurs gymnases marcher, courir, sauter,
évoluer, danser, chanter même (car le chant et la danse
sont, on le sait, d'excellents moyens d'éducation physique),
avec une souplesse, une aisance, une grâce parfaite.

Et nous pensions aux nouvelles élèves de l'Institut belge
de Vilvorde, dirigé par Mlles Lefébure, dont nous avions, en
janvier 1906, salué les débuts dans la gymnastique de Ling,
et que nous retrouvions, six mois après, extraordinairement
développées en force, en souplesse, en santé, transfor-
mées sous tous les rapports par la pratique quotidienne
d'exercices rationnels.

Et nous nous rappelions surtout ces superbes jeunes
filles de l'École normale de Pau qui, toutes, professeurs et
élèves, suivent avec un enthousiasme dont nous fûmes
témoin, les leçons purement suédoises du docteur Tissié,
et fixèrent en notre esprit, avec le souvenir de leurs gracieux ébats, l'impression nette de ce que pourrait produire

----

(1) Le Lieutenant-Colonel Coste cite, en note, un passage du docteur
Kaisin relatif à l'heureuse influence d'une gymnastique vraiment rationnelle
sur les petites indispositions périodiques des femmes, des jeunes filles
déjà grandes.

de santé, de beauté, de force et d'art, pour l'avenir de la race, l'éducation physique de la femme française, enfin confiée à des hommes de savoir, d'expérience et de foi !

Surtout qu'on ne vienne pas nous dire contre toute évidence que cette gymnastique essentiellement esthétique, faite d'attitudes de rythme, de danse et de chant — sorte de chorégraphie dont les figures et les pas auraient une raison d'être, une vertu physiologique ! — rebute la femme, comme on a prétendu qu'elle ennuyait l'enfant !

Il existe en Suède de nombreuses sociétés de femmes s'adonnant à la gymnastique. Et parmi les plus assidues aux leçons, lesquelles leçons deviennent de temps à autre des occasions de réunions et de fêtes, nous n'avons pas été peu surpris de compter nombre de sociétaires dépassant la quarantaine.

N'est-ce pas caractéristique de la valeur — de l'attrait tout au moins — de la méthode ? Comparez cette observation à ce qui a été dit plus haut des effets de la gymnastique amorosienne sur les hommes d'âge mûr (1).

Faut-il craindre que ces pratiques essentiellement hygiéniques, mais incompatibles avec l'usage du corset, n'aient pour conséquence de déformer cette taille de guêpe, si chère à nos Parisiennes, et si laborieusement acquise en dépit de la nature, au prix souvent de la santé ? Pas le moins du monde. Ceci, d'ailleurs, devrait-il tuer cela, nous ramener à une notion plus vraie — physiologiquement — de la beauté féminine... l'art n'y perdrait rien. Et quelle

---

(1) Allusion à un autre passage du livre du Lieutenant-Colonel Coste, où il précise divers inconvénients d'une gymnastique non rationnelle.

merveilleuse aubaine pour la santé de nos descendants!

Au point de vue esthétique, la compagne de l'homme a fait bien du chemin depuis la Vénus de Milo... Toute la distance qui sépare la femme de Phidias d'une cocotte de Grévin!

La gymnastique suédoise, supérieure en cela à toutes les autres, délasse et ne fatigue pas. Et c'est pourquoi elle convient tout particulièrement à la femme, à l'enfant, aux jeunes gens, garçons et filles, assujettis à un travail scolaire (1).

Elle est trop calmante — disent ceux qui l'ignorent — bonne peut-être pour les gens du Nord, non pour nous. N'est-ce pas précisément une raison pour l'adopter, après lui avoir fait subir au besoin quelques légères modifications en vue de la plier à notre tempérament spécial?

Le calme, qui équilibre et fortifie les facultés morales autant que les moyens physiques, quel merveilleux remède pour notre organisme de Latins, débilité, empoisonné par les rivalités de partis et les haines de classes !

LIEUTENANT-COLONEL COSTE.

---

(1) Jamais, nous dirent la Directrice de l'Institut de Vilvorde et la Directrice de l'Ecole Normale des Filles des Basses-Pyrénées, jamais nos élèves ne se sont appliquées autant à leurs études que depuis qu'elles font régulièrement des exercices rationnels. (Note du Lieutenant-Colonel Coste.)

Lettre de M. MOLIER

La lettre que M. Ernest Molier, le sporstman si connu, a bien voulu m'adresser concerne spécialement l'équitation, et non un ensemble de sports.

Aussi ai-je pensé devoir la placer en tête de la deuxième partie, dans le chapitre consacré à l'équitation, où elle forme un véritable document sportif, en raison de la compétence et de l'autorité de celui qui l'a écrite.

Ajoutons que M. Molier y exprime plusieurs idées qu'il développera dans un livre très attendu sur l'Équitation et le Sport.

AVANT-PROPOS

Écrire un livre d'éducation physique et sportive pour les jeunes filles, c'est une tâche dont je sens toute la responsabilité.

Si l'on peut dire, en parlant des jeunes hommes d'une nation, qu'ils en sont la fleur, que pourrais-je ajouter en parlant des jeunes Françaises ?

Je crains de ne pas trouver de comparaison assez printanière pour mes lectrices.

D'ailleurs, faudrait-il me risquer sur la pente de la banalité, en leur adressant tous les compliments qu'elles méritent ?

Pourtant, au début de ce livre — malgré son caractère de Manuel et l'utilité pratique à laquelle il prétend — je voudrais encore moins prendre un ton « pédagogique » et rappeler la sévérité de tel ou tel « bouquin » classique.

Surtout, je désirerais que ma prose fût aussi agréable à lire qu'utile.

Heureusement pour elle, et encore plus pour mes lectrices, cette prose n'est pas la seule à figurer en ce livre.

Des collaborations précieuses atténuent ma responsabilité et varient la lecture de l'ouvrage.

* *
*

Sur l'utilité d'exercer, en même temps que l'esprit, son enveloppe corporelle, presque tout a été dit.

Ceux même qui voudraient jusqu'à l'excès mener une vie cérébrale, intellectuelle, ne doivent pas oublier la fameuse « influence du physique sur le moral ». On ne peut juger les choses sainement avec une mauvaise santé ou même simplement avec un excès de nervosité, ou sous l'influence d'une dépression nerveuse plus ou moins grande.

Et puis, que devient la vie, en de pareilles conditions?

Ne justifions pas trop le pessimiste qui l'a comparée à une « vallée de larmes » !

Ce n'est même pas vivre, c'est traîner la vie, que de n'avoir pas l'entraînement et l'entrain voulus.

Les deux mots se ressemblent, et les deux choses dépendent beaucoup l'une de l'autre.

Bien entendu, l'entrain ne comporte pas une exubérance excessive, déplacée, mais une aisance, une facilité, une joie de vivre !

Vous surtout, Mesdemoiselles, dont la vue seule doit être un rayon de soleil et de joie pour la famille qui vous a élevées — et pour celle que vous élèverez — songez que c'est un devoir pour vous-mêmes et pour d'autres êtres que vous aurez à chérir, d'apparaître fortes, vaillantes autant que gracieuses.

A l'agrément d'un joli visage, auquel contribue, d'ailleurs, le rayonnement d'une belle santé, joignez la souplesse et même la force — sans rien de trop masculin — que donne ou développe un entraînement méthodique.

Un personnage de comédie, sans se croire mal partagé par dame Nature, au point de vue physique, a pu dire, en parlant de son enveloppe corporelle :

Guenille si l'on veut, ma guenille m'est chère !

Ce n'est certes pas en parlant de votre enveloppe corporelle que l'on peut risquer de telles comparaisons.

Mais autrement, qu'elle vous soit aussi chère que l'était au « bonhomme Chrysale » sa fameuse « guenille » !

Fortifiez-la, développez-la harmonieusement au moyen d'une éducation physique vraiment rationnelle, complétée si faire se peut, par un ou plusieurs sports.

Des cris d'alarme sont poussés un peu partout par les médecins, au sujet de la santé de leurs jeunes clientes. Ils signalent aussi chez elles d'assez nombreux cas de déviations.

Décidément, il est temps de réagir.

Sur la nécessité d'organiser partout l'éducation physique féminine d'une façon plus complète et plus méthodique, en suivant les principes de gymnastique de Ling, j'insisterai dans la première partie de ce livre.

Les sports complètent l'effet hygiénique de la gymnastique et vous offrent de plus, Mesdemoiselles, des distractions variées.

L'exercice rationnel et les sports fournissent souvent le meilleur remède contre ce mal trop répandu qu'on appelle la neurasthénie, qui peut être causé par l'excès de travail, le surmenage, par les difficultés variées de l'existence, par les déceptions dont les plus heureuses elles-mêmes ne sont pas toujours exemptes.

Les sports ont aussi l'avantage d'étendre les relations mondaines, comme nous l'avons indiqué.

*
* *

Vous ne pouvez cultiver à la fois tous ceux dont il est question en ce livre : le temps matériel manquerait, et puis, quelques-uns ont le tort, pour beaucoup de lectrices, d'être trop coûteux.

Heureusement, il reste encore un joli lot de distractions sportives à la portée des « bourses modestes », comme on dit vulgairement.

Celles de mes lectrices qui ne peuvent pratiquer des sports de luxe, liront cependant avec intérêt, j'espère, les chapitres qui en traitent, ne fût-ce que pour se familiariser avec les principaux termes des vocabulaires sportifs.

*
* *

En terminant cet Avant-Propos, il me paraît inutile d'insister sur la façon prudente, mesurée, opposée à toute excentricité, dont les jeunes filles doivent comprendre, soit l'éducation physique proprement dite, soit la pratique des sports.

Il ne s'agit pas pour elles de chercher à « battre des records », à triompher en des concours.

Qu'elles puissent accomplir des prouesses éton-

nantes, nous ne l'ignorons point; mais tel n'est pas le but proposé.

Elles ne doivent rechercher qué des exercices utiles, agréables, et ne diminuant en rien la grâce, l'esthétique de leur sexe, mais au contraire la développant encore.

Soit dans le choix des sports, soit quant à la façon de les pratiquer, évitez ce qui pourrait vous donner une allure garçonnière.

Du reste, il est dans le tempérament des Françaises (¹), sauf de rares exceptions, d'éviter instinctivement ce défaut.

Bien entendu, que le goût des sports ne vous prenne pas trop de temps au détriment de votre culture intellectuelle et artistique.

S'il ne faut pas tomber dans l'excès des Femmes savantes, il convient d'éviter celui des Femmes trop sportives.

Soyez donc sportives dans la mesure voulue pour votre santé, pour votre agrément, pour le développement de la grâce féminine innée en vous !

---

(1) En Angleterre et encore plus aux États-Unis, divers sports et jeux sportifs qui nous semblent plutôt masculins sont volontiers pratiqués par beaucoup de jeunes filles; mais chaque nation a son tempéramment, chaque peuple ses usages....

PREMIÈRE PARTIE

(Éducation physique proprement dite

LA GYMNASTIQUE (d'après la méthode suédoise).

LA MARCHE, L'ALPINISME.

LA DANSE (au point de vue sportif).

LA GYMNASTIQUE

d'après la méthode suédoise.

———

Un ensemble d'exercices méthodiques peut donner à l'organisme un heureux développement, et même, à la rigueur, sans le concours des sports.

C'est ce que nous appelons l'éducation physique proprement dite.

Elle est parfaitement complétée par les sports, sauf les exceptions et les réserves à faire : ils offrent, en plus, l'avantage de fournir des distractions variées.

Mais enfin, on peut se passer d'eux, — à la rigueur — et donner une éducation physique suffisante au moyen d'un ensemble d'exercices, constituant la gymnastique vraiment rationnelle.

C'est la méthode suédoise — ou méthode Ling, d'après le nom de son fondateur — qui remplit le mieux ce programme.

Un tel genre de gymnastique convient à tous et à toutes, aux faibles comme aux forts, au sexe féminin comme à l'autre.

Avant de donner des détails sur la gymnastique suédoise, j'insiste sur ce point que l'éducation physique des filles est encore trop négligée en France.

Et pourtant, la santé de ces futures mères de famille est doublement précieuse.

A ce sujet, voici un passage à citer de la *Gymnastique pour tous* [1] :

Combien leur force, leur santé sera augmentée par un entraînement physique rationnel ! Combien cela peut influer sur leur avenir, sur celui de leur famille et de la race tout entière !

Et croient-elles que, même pour se marier à leur convenance, il ne leur sera pas très utile d'avoir ces signes visibles de la santé et de la force ? Plus ira, moins le charme maladif sera recherché chez celles que l'on épouse.

Ce charme peut être passager, et en tous cas, ne compense pas les ennuis d'avoir une femme à santé chancelante et des enfants malingres.

Réciproquement, d'ailleurs, avec les idées nouvelles sur l'importance de l'éducation physique, un jeune homme de belle santé, assoupli et fortifié par l'entraînement rationnel, trouvera là, de plus en plus, de sérieux éléments de succès pour les examens... des fiançailles.

Autre passage :

Pour la bonne tenue, il est juste de reconnaître que beaucoup de parents rappellent fréquemment leurs enfants à l'ordre.

---

(1) Livre publié par M. Kumlien, et auquel j'ai collaboré.

Fig 1. — Premiers exercices de plancher : flexion et extension des bras.

« Tiens-toi droit » ou « tiens-toi droite » est un conseil que les mères ne ménagent pas à leurs fils et à leurs filles.

Il arrive même qu'à force de s'entendre répéter cet excellent conseil, beaucoup d'enfants en sont comme agacés et auraient une tendance à faire le contraire, à se voûter exprès, à se tenir encore plus mal, volontairement...

En quoi ils ont doublement tort, et ils auront à le regretter plus tard.

Mais si excellent que soit ce conseil de tenue, il ne suffit point, n'est-ce pas, et ne constitue qu'un précepte de la méthode plus complète d'éducation physique qu'il est si regrettable de voir négliger.

Non seulement la santé et la force des jeunes filles s'en ressentent; mais on voit même, chez un certain nombre d'entre elles des imperfections, des défauts physiques tels qu'une hanche « sortie » ou une épaule plus saillante, plus haute que l'autre, une tenue défectueuse, le dos voûté, la tête tombante, etc.

M. Kumlien dit à ce sujet :

« Voici quelques causes entre autres, qui amènent ces fâcheuses conséquences :

1° L'usage du corset amène l'immobilisation des muscles, et par conséquent, atrophie ceux-ci plus ou moins ;

2° Pendant leurs études, les jeunes filles restent courbées, voûtées, prennent des attitudes anormales et peuvent s'habituer à des positions défectueuses, qui parfois donnent lieu à des déviations, à des difformités (¹) ;

3º Leur éducation physique étant négligée, les jeunes filles ne trouvent pas là le remède efficace qu'il leur faudrait pour empêcher ou pour combattre les défectuosités signalées ;

4º Elles pratiquent souvent un sport qui ne favorise pas un développement symétrique du corps, et qui même, trop souvent pratiqué, non symétriquement et à l'excès, peut avoir un résultat contraire. Citons le lawn-tennis, l'escrime, par exemple.

En Suède, les jeunes filles aussi bien que les jeunes gens pratiquent des sports, comme distraction ; mais avant tout et à côté de cela, il est obligatoire pour elles de cultiver le développement symétrique du corps tel que le comprend la gymnastique et ne fût-ce que pour combattre les défectuosités qui peuvent résulter d'un sport aimé jusqu'à l'excès. »

Voyons donc quels sont les principes généraux de cette méthode Ling, qui donne de si heureux résultats.

Le but de la gymnastique suédoise n'est pas de former des athlètes, de donner des apparences trompeuses de force et de santé.

Elle ne cherche pas non plus à permettre des tours d'adresse dignes des acrobates de profession.

Elle vise à donner vraiment la santé, la force, la souplesse et la résistance, à faciliter le développe-

---

(1) On recourt parfois aux corsets orthopédiques, qui, à mon avis, ne font que retarder un redressement.

Comme ils compriment la cage thoracique et empêchent ses mouvements normaux, c'est une cause d'atrophie des muscles : il est préférable de fortifier ceux-ci pour obtenir un redressement réel et durable. (Note de M. Kumlien.)

ment symétrique du corps, ou le fonctionnement normal de l'organisme, en surveillant et en cultivant surtout les parties faibles.

Chaque mouvement enseigné dans la méthode a sa raison d'être : on ne fait que des exercices utiles, nécessaires pour atteindre le but indiqué. On obtient ainsi l'équilibre parfait de l'organisme et l'on améliore, puis l'on maintient dans le meilleur état les fonctions principales, telles que la circulation du sang, la respiration, la digestion, etc.

Les appareils — il y a des appareils spéciaux à la méthode suédoise — ne sont employés que pour faciliter et corriger l'exécution des mouvements, pour augmenter le travail musculaire dans la mesure voulue, et pour rendre la gymnastique plus variée, plus récréative.

Pas de barre fixe ni de barres parallèles, pas de trapèze, pas d'anneaux : ces engins permettent aux artistes de cirque des prouesses auxquelles ne vise point une gymnastique vraiment rationnelle — d'autant plus qu'elles causent parfois des accidents. Puis, beaucoup d'exercices qui se font avec ces appareils provoquent de trop grands efforts musculaires locaux, exercent trop telle ou telle partie du corps au détriment des autres, et amènent même de petites difformités, ou ont des résultats peu esthétiques, qui seraient particulièrement regrettables pour le « beau sexe ».

Comme appareils, la gymnastique suédoise emploie notamment une poutre horizontale mobile appelée *bomme* — une série de barreaux horizontaux appliqués contre les murs des gymnases et que l'on appelle des *espaliers ;* des bancs, des « cadres », etc.

Les appareils indispensables dans les gymnases suédois, sont les bommes, les espaliers et les bancs, avec lesquels les mouvements les plus importants peuvent être exécutés.

Quant aux petits engins employés en diverses méthodes, soit pour les séances de gymnase, soit pour les exercices que l'on fait chez soi comme « gymnastique de chambre », les continuateurs de Ling font à ce sujet les critiques suivantes :

Avec les appareils à ressorts, la résistance opposée aux muscles n'est pas graduée, puis diminuée comme il faudrait suivant la force du muscle.

L'appareil peut opposer une résistance qui oblige à mal exécuter les mouvements.

On peut faire une objection analogue contre l'exercice des poids.

Beaucoup, parmi ceux qui en préconisent l'emploi, y renonceraient s'ils connaissaient mieux l'effi-

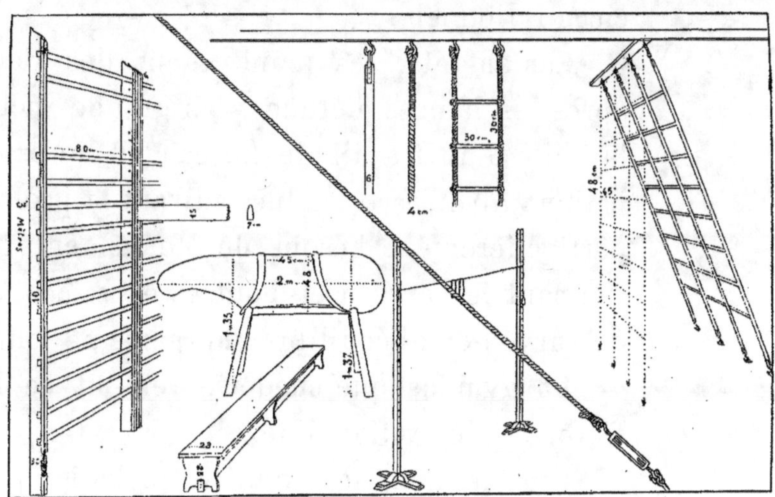

Fig. 2. — Appareils et Agrès principaux de la Gymnastique pédagogique suédoise :
Espaliers, Bomme, Cheval, Banc, Perche, Cordes (verticale et transversale), Échelles, Cadre, etc...

cacité des mouvements que le corps peut exécuter sans l'aide d'aucun objet plus ou moins lourd.

* *

A l'âge de la croissance, il est évident que celle-ci est aidée, favorisée par un pareil ensemble d'exercices rationnels.

Les enfants, les jeunes gens des deux sexes, après les heures d'études, les grandes personnes, à la suite d'un travail de bureau ou après des occupations diverses, variables suivant la profession, ont particulièrement besoin de mouvements décongestionnant le cerveau et d'autres exercices permettant de surveiller, d'équilibrer l'organisme tout entier.

La gymnastique suédoise remplit ce but de la façon la plus rationnelle.

Que de malaises, que de maladies même, l'on peut éviter ou combattre ainsi sans médicaments ! Que de difformités l'on peut prévenir ou faire disparaître sans ces appareils orthopédiques, qui ne sont pas efficaces, ou dont tout au moins l'efficacité n'est pas durable !

Lorsque l'on ne cultive qu'un sport, qu'un exercice faisant travailler surtout certaines parties du corps, les résultats en sont forcément insuffisants, défectueux, tandis que la gymnastique vraiment

Fig. 3. — Mouvements des bras et des jambes, et, en même temps, travail des muscles dorsaux.

rationnelle fait travailler tout l'organisme et surveille les parties faibles, formant ainsi à elle seule un système complet d'éducation physique.

Et si l'on a le temps de pratiquer à la fois la gymnastique suédoise et les sports, *elle facilite ceux-ci, loin de leur nuire ;* car elle assouplit tout l'organisme.

*
* *

Ces remarques générales faites sur le but et sur l'utilité de la méthode Ling dans son ensemble, indiquons quelles en sont les divisions, les parties principales :

C'est d'abord la *gymnastique pédagogique* ou *éducatrice*, partie de la méthode qui s'applique aux enfants et grandes personnes bien portantes des deux sexes. Elle maintient la santé et développe la force d'une façon normale. Elle surveille le développement symétrique de l'enfant pendant sa croissance. Elle conserve chez les adultes les effets déjà obtenus et augmente graduellement leur force ; chez les vieillards, elle équilibre la force et la santé.

On peut l'appeler aussi *gymnastique esthétique,* parce qu'elle permet d'avoir une bonne tenue, une démarche aisée, alerte, et, chez les jeunes filles, facilite des exercices de maintien et de grâce.

La méthode suédoise comprend aussi la *gymnastique militaire*, basée sur la gymnastique pédagogique et complétée par des exercices tels que l'escrime, le tir et divers mouvements d'application.

La méthode comprend enfin la *gymnastique médicale et orthopédique*, complétée ou non, suivant les cas, par le *massage*.

On confond parfois cette gymnastique médicale et orthopédique avec l'ensemble de la méthode suédoise, tandis qu'elle n'en forme, répétons-le, qu'une partie, qui est employée avec grand succès contre beaucoup de maladies, de déviations et de difformités(1).

Dans le livre : *La Gymnastique Suédoise* (en collaboration avec M. Kumlien), nous avons indiqué un grand nombre de mouvements, les uns s'exécutant sans appareils, les autres à l'aide des appareils spéciaux de la méthode Ling.

---

(1) Elle se compose de mouvements progressifs, et l'on commence par les plus faciles qui sont les mouvements *passifs*, dispensant le malade de tout travail, de tout effort. Suivant l'état du malade et le résultat cherché, on utilise aussi les mouvements actifs.

Les mouvements de la gymnastique médicale et orthopédique sont souvent combinés avec le massage et le complètent.

Certaines personnes ont une tendance à ne vouloir que le massage, d'autres que le mouvement.

Or, tantôt il faut l'un, tantôt l'autre, tantôt tous les deux. Autrement dit, il faut distinguer selon les cas.

Fig. 4. — Autres exercices de plancher.

Les premiers forment ce que l'on appelle des « exercices de plancher ».

Avant d'exécuter un de ces exercices, on doit apprendre avec soin la « position réglementaire » et les diverses « positions de départ » ou « initiales ».

La position réglementaire ([1]) doit être bien précisée : c'est très important. Expliquons-la en détail.

On se tient debout, les bras tombant naturellement, les doigts joints et allongés sur les cuisses, les talons joints, les pieds ouverts, le ventre rentré, les épaules reculées et effacées; on lève bien la tête, en rentrant le menton pour allonger la partie cervicale de la colonne vertébrale et pour s'habituer à tenir la tête droite. Rentrer le menton, faire le « double menton », cela donne une apparence de raideur; mais cette raideur est vite perdue dans le port habituel de la tête. On vise à redresser la colonne vertébrale, on s'allonge, on se grandit, comme il est facile de le constater sous une toise. Par le double menton, en somme, tout en exécutant un mouvement un peu exagéré, en faisant le plus pour obtenir le moins, on s'habitue à bien tenir la tête.

Autres remarques : On rentre le ventre pour éviter de trop cambrer le dos.

----

(1) La jeune fille faisant fonction de moniteur dans la figure 4 a pris la position réglementaire. Voir aussi la figure 7 (page 61).

On recule les épaules pour faire rentrer les omoplates et pour élargir la poitrine.

On fait travailler tous les muscles qui peuvent maintenir le corps droit.

Le fait seul de prendre cette position réglementaire et de la garder quelque temps constitue déjà un exercice rationnel très utile.

Et l'on s'habitue à prendre une attitude qui se rapproche de la meilleure tenue du corps.

Dans toutes les positions de la méthode suédoise, en faisant un mouvement avec une partie du corps ou une autre, il faut conserver, autant que possible, la position réglementaire pour les autres parties.

Par exemple, en mettant les mains sur les hanches, on ne doit changer l'attitude que pour les bras.

La première série d'exercices dans la méthode suédoise comprend, en somme, outre la position réglementaire, les positions de départ et quelques mouvements, choisis parmi les plus simples, de la tête, du tronc, des bras et des jambes.

On peut varier beaucoup les mouvements.

— On les fait suivre de marches, qui servent à décongestionner.

Cliché Klemming.

Fig. 5. — Exércices à la bomme.

Une remarque importante sur l'exécution des mouvements.

Il faut veiller à ce que les bras et les doigts soient bien allongés, car les muscles qui contractent sont plus forts que les autres par suite d'un travail plus fréquent; il faut donc que les muscles extenseurs soient exercés avec soin, pour que l'on obtienne un développement harmonieux. Par exemple, l'enfant est amené souvent à se pencher sur son pupitre, sur sa table : il a donc besoin de redresser son corps.

Et ce n'est pas seulement dans le jeune âge qu'il faut prendre les mêmes précautions.

Les mouvements simples font travailler les mêmes muscles que les mouvements dits fondamentaux, avec cette différence qu'ils demandent moins de force. Ils préparent le corps à des mouvements plus vigoureux.

La deuxième serie d'exercices — mouvements fondamentaux — peut être divisée en plusieurs groupes :

1° *Mouvements des jambes*, destinés non seulement à exercer les jambes, mais aussi à décongestionner les parties supérieures.

Ces mouvements sont subdivisés par degrés d'efficacité plus ou moins grands, suivant l'effet que l'on veut en obtenir.

2° *Mouvements d'extension de la colonne verté-brale.* — Par une contraction des muscles dorsaux, on obtient une extension de la colonne vertébrale, un élargissement de la cage thoracique et une compression des muscles abdominaux qui facilite leurs fonctions.

3° *Suspension par les bras.* — Non seulement ces mouvements font travailler les muscles des bras, mais, d'autre part, en portant les coudes en arrière, on développe la cage thoracique ; on recule les épaules et l'on rentre les omoplates.

Mais ces exercices ne conviennent pas, en général, aux jeunes filles déjà grandes.

4° *Mouvements d'équilibre.* — Ils ont pour but de faire travailler spécialement le cerveau et le système nerveux.

Le cerveau donne là l'impulsion exacte, particulièrement bien réglée, de l'effort à faire pour garder l'équilibre.

5° *Mouvements des muscles dorsaux.* — Ils ont une action spéciale sur la nuque, les omoplates, le dos — et sur la tenue du corps.

6° *Mouvements des muscles abdominaux.* — Rappelons qu'ils exercent une pression sur les organes

Fig. 6. — Mouvements d'équilibre sur la homme.

de l'abdomen, qu'ils facilitent leurs fonctions, et rectifient la position de la partie inférieure de la colonne vertébrale, en évitant ainsi une cambrure exagérée.

7° *Mouvements latéraux du tronc.* — Ils exercent une action, par les muscles obliques, sur les organes abdominaux, ainsi que sur la moëlle épinière.

8° *Sauts.* — Les sauts exercent une action physique et morale en augmentant le degré d'observation, de calcul et en donnant, dans une certaine mesure, de l'entrain, de la confiance en soi.

Mais ils conviennent moins, en général, aux jeunes filles déjà grandes.

9° *Mouvements respiratoires.* — Outre leur influence sur les poumons, ils calment le fonctionnement du cœur. Par conséquent, ils sont d'une importance capitale pour tout l'organisme.

Une troisième série d'exercices consiste en *mouvements d'application.*

Ce sont des mouvements qui ont reçu une application pratique, tout en étant basés sur les mêmes principes que les autres, avec les mêmes effets physiologiques, mais en demandant une force plus grande.

A ces mouvements on peut ajouter divers sports qui, lorsqu'ils sont pratiqués avec modération, sans excès, peuvent donner de bons résultats, en dehors même de la distraction qu'ils procurent.

Des *jeux* complètent chaque séance dans un gymnase suédois.

Les jeux sont excellents, même au point de vue gymnastique. Ils stimulent le corps et l'esprit, et, à divers titres, sont très utiles comme moyen d'éducation.

Il faut leur attacher une grande importance; ils suppléent à la gymnastique; mais ils ne peuvent jamais la remplacer.

Pour les jeux, le plus sage est de suivre les traditions de chaque pays.

Il ne manque pas, en France, de jeux amusants et faisant prendre un utile exercice.

* *
*

Revenons à la gymnastique proprement dite. Nous avons déjà noté que certains mouvements ne convenaient pas aux jeunes filles.

Jusqu'à l'âge de la puberté, les enfants des deux sexes peuvent pratiquer la même gymnastique.

Mais un peu plus tard, lorsque les fillettes ont grandi, deviennent des jeunes filles, il ne leur faut pas entièrement le même programme d'exercices qu'aux garçons.

Certains mouvements doivent être faits avec modération et d'autres doivent être supprimés.

Il ne faut pas pour les jeunes filles et les femmes d'exercices susceptibles de congestionner le bassin.

Elles ne doivent pas faire de mouvements en arrière trop prononcés.

Les mouvements de suspension, les courses et les sauts conviennent moins aux jeunes filles, aux femmes.

Elles ont naturellement à s'abstenir de gymnastique à certaines époques.

Mais, en observant ces principes, en prenant ces précautions, elles doivent tirer un grand profit de la méthode Ling, nous le répétons.

A défaut des exercices qui ne leur conviennent

pas, elles peuvent pratiquer divers jeux. Des exercices de danse peuvent aussi être considérés comme un complément de la gymnastique pédagogique, et l'expression de « gymnastique de grâce » leur serait spécialement applicable.

Des leçons de maintien complètent cet enseignement.

En Suède, les pensionnats de jeunes filles de toutes classes possèdent un gymnase.

Les élèves s'exercent chaque jour par divisions, parfois très nombreuses, et, même en pareil cas, toutes peuvent s'exercer simultanément, grâce à la méthode Ling.

Une fois sorties de pensionnat, beaucoup de jeunes filles continuent à pratiquer cette méthode.

Il y a de nombreuses sociétés de gymnastique de femmes.

Les unes ont des locaux spéciaux ; d'autres profitent des salles que l'Institut central de Stockholm met à leur disposition, en leur fournissant des professeurs.

Surtout après un travail sédentaire de toute une journée dans les magasins, dans les ateliers, beaucoup de jeunes filles sont heureuses de venir ainsi à des cours du soir pratiquer un exercice hygiénique qui les maintient en bonne santé.

Un costume à la fois décent et coquet, n'ayant rien de masculin, mais permettant bien tous les mouvements gymnastiques, est généralement adopté. C'est le même pour toutes les sociétés et tous les pensionnats de Stockholm. Une robe de flanelle, à corsage bouffant, à jupe ample, mais très courte, de couleur noire ou bleue, avec culotte et grands bas de même couleur, tel est le costume devenu classique.

La pratique de la méthode Ling a d'heureux effets, au moral comme au physique, sur ses adeptes du sexe dit faible. De même qu'elle leur donne une démarche souple, élégante, une parfaite tenue de corps, de l'aisance dans tous les mouvements, elle contribue à leur enlever de la gaucherie, de la timidité, à leur inspirer plus d'assurance, plus de décision, sans rien d'excessif, sans aucune allure « garçonnière ».

On remarque, chez beaucoup de jeunes filles ainsi formées un esprit d'initiative leur permettant de mieux affronter les luttes de l'existence, d'occuper divers emplois réservés aux hommes en d'autres pays ; et souvent elles montrent une activité remarquable qui, plus tard, profitera à leur ménage, à leur pays.

Un mode d'éducation physique bien compris

n'est certes pas étranger à ces diverses qualités.

Souhaitons qu'en France se fonde bientôt un Institut spécial formant beaucoup de femmes professeurs d'après la véritable méthode Ling, et non pas d'après des méthodes pseudo-suédoises — car le simili se trouve en toutes choses, hélas !

Actuellement, un département se trouve privilégié à ce point de vue : c'est celui des Basses-Pyrénées, où le docteur Philippe Tissié, président de la Ligue Girondine de l'Éducation physique, a organisé l'enseignement de la méthode suédoise avec autant de zèle que de compétence.

Citons une lettre adressée par le docteur Tissié à un rédacteur de la *Dépêche de Toulouse*, qui venait de signaler les services rendus par le commandant Coste, directeur de l'École de Joinville (depuis nommé lieutenant-colonel et détaché au Ministère de la Guerre).

L'École formera un grand nombre d'instructeurs lorsque, conformément au projet du commandant, les instituteurs y auront fait un stage, au cours de leur service militaire ([1]).

Le docteur Tissié fait allusion à cette innovation si utile, avant de dire ce qu'il a fait personnelle-

---

([1]) Un premier groupe d'instituteurs est arrivé à l'École en mai 1907.

ment en faveur de l'enseignement de la méthode suédoise pour les jeunes filles.

Voici la fin de sa lettre :

Vous dites encore que le conseil général de la Charente a émis le vœu (1) que tous les instituteurs passent par l'École de Joinville. Tant mieux !

Voulez-vous me permettre de vous dire que le conseil général des Basses-Pyrénées est allé plus loin en dotant l'École normale des instituteurs de Pau des *agrès suédois* nécessaires à la bonne application de la gymnastique rationnelle ?

Voilà trois ans que bénévolement je professe un cours de gymnastique suédoise féminine à l'École normale. Les résultats obtenus sont excellents, ainsi que le constate la très distinguée directrice, Mme Dollé, dans son rapport adressé au ministre de l'instruction publique : diminution des maladies, suppression d'accidents périodiques, rendement intellectuel plus grand, etc.

L'édition régionale de *la Dépêche* a publié, en juin dernier, les questions posées aux élèves-maîtresses, aux examens du certificat d'aptitude à l'enseignement de la gymnastique.

Le département des Basses-Pyrénées est le premier en France à posséder un enseignement complet de la gymnastique pédagogique suédoise, *pour les deux sexes, dans toutes les écoles du département.*

Depuis trois ans, trois promotions de jeunes institutrices portent dans les villages les plus reculés des principes sûrs d'éducation physique.

Posséder la femme, c'est posséder la race. Puisque vous avez intitulé votre excellent article : « Pour la Race », je me permets

---

(1) Sur l'initiative d'un distingué avocat du barreau d'Angoulême, M. Valory Le Ricolais.

Le Conseil général du Var émit ensuite le même vœu.

d'appeler l'attention des lecteurs sur ce qui se passe dans les Basses-Pyrénées.

Je me résume : « La gymnastique rationnelle sera féminine ou ne sera pas. » *Elle doit entrer au foyer par la mère.*

La Suède doit la beauté de sa race à la femme suédoise, superbement développée dès l'école.

Veuillez agréer, etc.

Docteur Tissié.

Généraliser l'enseignement de la méthode vraiment rationnelle pour les jeunes filles, ce serait d'autant plus utile que, de divers côtés, on pousse des cris d'alarme sur l'état de santé de beaucoup d'entre elles, et même sur de nombreux cas de déviations qu'elles présentent.

*
* *

Il est à désirer aussi qu'en dehors même des directrices de gymnases et des professeurs-femmes d'éducation physique, on trouve un nombre croissant d'institutrices et de gouvernantes pouvant faire exécuter, soit à l'école, soit à la maison, un choix de mouvements corrects, simples et utiles.

Plusieurs familles pourraient, d'ailleurs, s'entendre pour confier à la même heure leurs garçons et leurs fillettes à une gouvernante expérimentée. Et cela, d'autant plus que les enfants profitent mieux d'une leçon ainsi prise en commun, sous

forme de petit cours, que s'ils la prenaient isolé-
ment.

Dans les deux cas, qu'il s'agisse, à la maison,
d'un petit cours pour un groupe d'élèves ou simplement qu'un ou deux enfants soient exercés à part,
— les mères de famille feront bien de surveiller, au
moins de temps en temps, ces petites séances.

Qu'elles n'aient pas trop de faiblesse maternelle,
et que les enfants montrent une véritable application dans ces séances encore plus utiles et moins
coûteuses que les leçons d' « arts d'agrément » —
dont nous ne voulons point médire !

Sur la façon de composer des programmes
d'exercices complets dans des séances de gymnase,
en observant la progression voulue et en « dosant »
chaque exercice comme il convient, nous avons
donné des explications détaillées dans *La Gymnastique Suédoise*. Du reste, si l'on fréquente un gymnase,
un cours dirigé par un professeur bien au courant
de la méthode Ling, on n'aura qu'à s'en remettre à
ses bons soins pour les programmes d'exercices.

Nous nous bornerons, ici, à détailler un choix
de mouvements que l'on peut exécuter chez soi,

sans appareils, ou en utilisant des meubles. Quant aux exercices qui se font à l'aide d'appareils spéciaux aux gymnases suédois, nous en donnons simplement quelques spécimens dans plusieurs de nos illustrations.

Parmi les exercices que nous allons indiquer, les huit premiers surtout sont d'une exécution facile, *et des femmes de tout âge peuvent les exécuter chez elles avec profit pour leur santé.*

SÉRIE D'EXERCICES

qu'une jeune fille peut exécuter à la maison.

1° En partant de la position A :

Élever les bras latéralement, puis au-dessus de la tête, en faisant une profonde inspiration ; puis les abaisser latéralement et les replacer dans leur position première, en faisant une expiration [1];

2° Position de départ : les mains sur les hanches [2] :

---

(1) Lorsque les bras élevés arrivent à hauteur des épaules, il faut tourner les mains les paumes en dessus.

Lorsqu'on les abaisse et qu'ils reviennent à hauteur des épaules, on doit tourner les paumes en dessous.

(2) Lorsque l'on met les mains sur les hanches, les mains ne doivent pas être trop portées en arrière, les coudes seront simplement un peu reculés. Le pouce de chaque main doit être placé en arrière, les autres doigts joints en avant.

Flexion des jambes en quatre temps : *a*, éléva-tion sur la pointe des pieds ; *b*, flexion des genoux ; *c*, extension des genoux ; *d*, sur les talons ;

Fig 7.

Position réglementaire
ou position A.

Fig. 8.

Les mains sur les hanches, élévation
sur la pointe des pieds.

On garde bien la tête levée, en faisant ce mouve-ment ;

3° Position de départ : flexion des bras, mains aux épaules ([1]).

Mouvement à exécuter : extension des bras en avant, latéralement et au-dessus de la tête, en reve-

---

([1]) En mettant les mains aux épaules, on s'efforce de rapprocher les coudes du corps autant que possible, les mains en arrière, pour aug-menter la difficulté et l'efficacité du mouvement.

Fig. 9.
Les mains aux épaules ; élévation sur la pointe des pieds.
(Pour exécuter le 3e exercice de notre série, on met les mains aux épaules,
mais on laisse reposer les talons à terre.)

Fig. 10.
Extension des bras latéralement.

Fig. 11.
Extension des bras verticalement
ou au-dessus de la tête.

nant dans la position « mains aux épaules » entre chaque extension ;

4° Position de départ : les pieds écartés, les mains sur les hanches.

Mouvement à exécuter : flexions du corps en avant et en arrière ;

5° Même position de départ que précédemment.

Mouvement à exécuter : flexions du corps à gauche et à droite ;

6° Position de départ : les pieds fermés, les mains sur la nuque (¹).

Mouvement à exécuter : rotation du buste à gauche et à droite (sans déplacer les pieds) ;

7° Flexion des jambes en quatre temps, comme au deuxième exercice ;

8° En partant de la position A, élever les bras latéralement en faisant une profonde inspiration, puis les abaisser en faisant une expiration.

Pour exécuter les flexions du corps en arrière par un mouvement plus fort qu'au quatrième exercice, on pourra faire ceci :

---

(1) Lorsque l'on met les mains sur la nuque, les doigts ne doivent être ni fermés, ni croisés. Ils sont joints, allongés dans chaque main et les extrémités des deux mains se touchent. On ne fléchit pas les poignets, et les coudes sont bien portés en arrière, sans que l'on baisse la tête.

Assise sur une chaise (¹), ou encore mieux sur un tabouret, les pieds arc-boutés sous un meuble (assez lourd, naturellement), on s'exercera, les mains aux

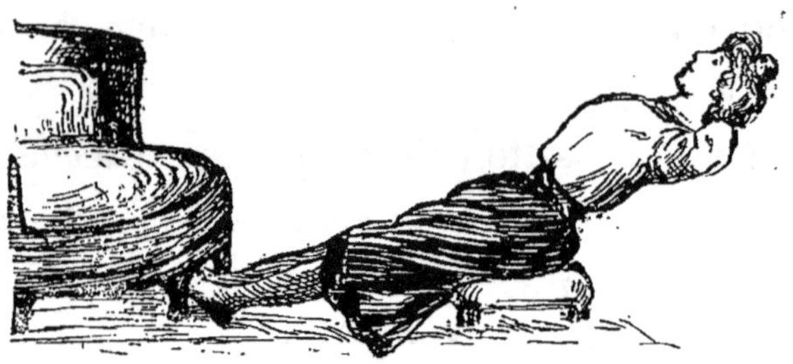

Fig. 12.

Flexion du corps en arrière, les pieds arc-boutés à un meuble. — On fait d'abord cet exercice les mains sur les hanches, avant de l'exécuter les mains sur la nuque.

hanches, ou, plus tard, à la nuque, à faire des flexions du corps en arrière.

Elles peuvent être plus ou moins prononcées; mais on gardera les épaules et la tête en arrière, même en se relevant, et l'on tiendra les jambes tendues. Dans cet exercice, les muscles abdominaux travaillent spécialement.

Autre exercice, pour l'extension de la colonne vertébrale : On se place à un pas d'un mur, en lui tournant le dos, les pieds écartés, les bras étendus verticalement.

Mouvement à exécuter : on élève, pour ainsi

____

(1) En travers, pour n'être pas gênée par le dos de la chaise.

dire, le buste avec les bras que l'on porte en arrière, de façon à atteindre le mur avec les extrémités des doigts, sans que le dos touche.

Puis on se relève, ou bien, l'on exécute dans la même position, quelques élévations sur la pointe des pieds.

Immédiatement après, pour compléter cet exercice, et en partant de la position où les doigts touchent le mur, on exécute des flexions du corps en avant et en bas, en s'efforçant de toucher le

Fig. 13.

Le dos tourné au mur, porter le haut du corps en arrière, de façon à atteindre le mur avec les extrémités des doigts, sans que le dos touche.

sol (ou le plancher) avec les pointes des doigts, puis on se relève sans voûter le dos.

On ne doit point plier les genoux, en faisant les flexions en avant et en bas.

Fig. 14.

En partant de la position précédente, flexions du corps en avant et en bas.

*
* *

Au début, on peut se borner à faire chaque exercice deux ou trois fois ; on les exécutera ensuite un plus grand nombre de fois.

On fera la série de préférence le matin, après un petit déjeuner, et les fenêtres ouvertes.

Dans la journée, on peut encore faire quelques exercices, plus brièvement. Ils sont notamment utiles après une trop longue lecture ou un travail cérébral fatigant ; ils forment une diversion et décongestionnent le cerveau.

A tous points de vue, on tirera grand profit de ces exercices qui ne prennent que quelques minutes par jour : ce sera du temps très bien employé.

HYDROTHÉRAPIE

Des soins d'hydrothérapie complètent à merveille l'effet de la série d'exercices.

On prendra à ce sujet l'avis de son médecin ; mais d'une façon générale, disons ceci :

Une fois que l'on a pris le goût de l'eau froide, en ayant commencé pendant la saison chaude, on continue même en hiver, ou bien l'on commence avec de l'eau tiède et l'on s'accoutume progressivement à l'eau froide.

Comme l'explique la *Gymnastique pour tous*, il faut acquérir le goût de l'eau froide, même en se forçant un peu au début.

On en retire de grands avantages, et ce sera même un plaisir que formeront bientôt ces habitudes hygiéniques qui effrayaient d'abord les personnes élevées... dans du coton !

On devient alors moins frileux.

« En s'habillant trop chaudement, en s'accoutumant à vivre dans une atmosphère surchauffée, on s'expose à prendre froid plus facilement, à être plus sujet aux refroidissements, que si l'on s'est habitué à moins redouter les variations de la température. Il faut s'être « enhardi le corps ».

L'hydrothérapie est nécessaire non seulement pour la propreté, pour la bonne tenue du corps, mais aussi pour le bon fonctionnement de la peau.

Rappelons que par la peau on élimine du corps des produits nuisibles qui pourraient l'intoxiquer....

Si l'on n'a pas de baignoire ou d'installation de douche à sa disposition, on emploiera une éponge mouillée et un tub. A défaut de tub et d'éponge, on se servira d'une serviette mouillée. On prend ensuite une serviette sèche, avec laquelle on se frictionne vivement. »

De l'eau et deux serviettes, voilà qui est très simple.

Les frictions sont destinées à faciliter la réaction et à activer la circulation du sang.

Les ablutions d'eau froide suivant la série quotidienne (sauf exceptions) d'exercices gymnastiques ne dispensent pas de prendre un bain hebdomadaire... comme le repos.

L'hydrothérapie, le goût de l'eau froide et celui du grand air, de la lumière, sont des parties essentielles de l'hygiène.

LA MARCHE, L'ALPINISME

Des exercices de marche font partie de la gymnastique et rentrent dans les programmes des séances au gymnase ou chez soi.

Bien entendu, les promenades au grand air sont excellentes, soit comme distraction, soit parce qu'elles empêchent de trop rester renfermée, et qu'elles amènent à consommer de l'oxygène vivifiant, réconfortant.

Cela dit, la marche ordinaire est loin de former un exercice complet; car elle n'exerce que certains muscles, et toujours les mêmes.

Quant à la marche accélérée, elle ne convient pas aux jeunes filles, aux femmes, et sans vouloir diminuer le triomphe de Mlle Jeanne Cheminel, gagnante de la fameuse marche des Midinettes(1), de la place de la

---

(1) Voici quelles furent les premières classées après la gagnante (modiste, de la maison Cheminel); 2e, Mlle Louise Belesta, giletière (maison

Concorde jusqu'à la mairie de Nanterre, je ne pense pas qu'il faille insister sur des épreuves de ce genre.

Pas plus, en fait de *footing* — employons ce mot pour angliciser l'exercice pédestre et lui donner une plus grande allure sportive — qu'en fait d'autres sports, il ne faut inciter une jeune fille, une femme, à chercher à « battre un record ».

Certes, celles même qui sont le plus favorisées par la fortune ne doivent point dédaigner de s'entraîner à la marche.

Ne pas se contenter de fouler pédestrement, au Bois, le fameux « Sentier de la Vertu », avant de remonter en voiture, en automobile; savoir, au

---

Contard) ; 3°, Mlle Lucy Fleury, couturière (Anceaux) ; 4°, Mlle Marie Trouvard, couturière (Rouff) ; 5°, Mlle Alice Brard, couturière (Gouriault), 6°, Mlle Mathilde Mignot, couturière (Redfern) ; 7°, Mlle Léontine Neveu, couturière (Altot) ; 8°, Mme Kugel, couturière (Kugel) ; 9°, Mlle Marguerite Pradel, couturière (Dugenet) ; 10°, Mlle Jeanne Prédine, couturière (Masson-Templier); 11°, Mlle Jeanne Janique, fleuriste (Martin) ; 12°, Mlle Berthe Bertrand, modiste (Dravert-Wallette); etc., etc.

Mlle Jeanne Cheminel, interviewée, déclara qu'elle travaillait chez son frère qui tenait un magasin de modes, rue Oberkampf, et qui était, en même temps, vice-président du Club Athlétique Parisien. C'était lui, d'ailleurs, qui l'avait conseillée et entraînée.

Mlle Cheminel « lâcha le peloton », paraît-il, dans la côte de la Défense, et depuis ne fut jamais rattrapée. « Pas une seule fois elle ne se retourna pendant le parcours pour regarder si on la suivait de près. »

Rapidement elle accomplit le parcours Tuileries-Nanterre.

Elle se déclarait prête à recommencer.

Ce *great event* se passait le dimanche 25 octobre 1903.

besoin, faire autant de kilomètres à pied que les vaillantes ouvrières ou employées qui, deux fois par jour, fournissent une jolie « trotte » pour aller à l'atelier, au magasin, et en revenir — rien de mieux; mais, sans se presser, et en ayant soin de prendre des chaussures souples, pas trop étroites, et à talons pas trop hauts.

L'entraînement à la marche a constamment son utilité, ses avantages hygiéniques.

De plus, il permettra, en villégiature, de longues et ravissantes excursions, que l'on ne peut pas toutes faire en voiture, ni même à cheval ou à dos de mulet.

Nous voici amené à parler de l'alpinisme.

C'est surtout à propos de la marche en montagne, et de ses fatigues mêlées parfois de dangers, que nous recommandons à nos lectrices de ne chercher à battre aucun record.

Oh! ce n'est pas que nous mettions en doute leur énergie, leur endurance, leur courage!

Nous avons noté maintes prouesses de femmes alpinistes et de vaillantes exploratrices.

Car il y a même des exploratrices, telles que Mme Bullock-Workmann, une Américaine, qui a passé plusieurs mois dans les glaciers de l'Himalaya, malgré des températures extrêmes, et y a atteint des altitudes où jamais femme n'était encore parvenue.

Citons aussi Mme K. A. Crossley, d'Indianapolis, qui, paraît-il, a fait plus de vingt fois le tour du monde.

Parmi les plus intrépides exploratrices françaises, mentionnons Mme Dieulafoy, Mme Isabelle Massieu, Mme Jean Pomerol, Mme Coudreau, Mme du Gast, Mlle Anna Sée, Mmes Watelin, Mme Bondoux, etc.

Pour alterner avec la marche, dans les voyages d'exploration, des moyens de locomotion très variés, selon les pays, ont été mis en usage.

Parmi les femmes alpinistes qui ont accompli de récents exploits, j'aurai commis de nombreux et graves oublis, lorsque j'aurai cité Mme Eugène Vail, Mme et Mlle Vallot, Mme Henri Paillard, Mlle Crussard, Miss Edith Lee Baker, Miss Richardson, Mlle Mary Pailton, Mme E. Caron, Mme Aubry-Leblond, etc., etc.

Mlle Mary Paillon a de qui tenir pour aimer et vanter l'alpinisme : à soixante-quinze ans, sa mère excursionnait, faisait de très longues marches dans la neige par de nombreux degrés au-dessous de zéro.

Comme excursionniste émérite, n'oublions pas de citer la reine douarière d'Italie, qui pourrait prendre rang parmi les reines... du piole.

*
* *

Honneur aux vaillantes alpinistes ; mais que leurs lauriers ne vous incitent pas, ô charmantes lectrices, à aller plus loin qu'elles-mêmes dans la région des glaciers et des neiges éternelles !

Sans prendre comme devise : *Excelsior !* sans même monter si haut, on atteint des panoramas splendides, où les vieux monts semblent tenir une perpétuelle assemblée, à perte de vue, et suggèrent le vertige de l'infini, tandis que l'air le plus pur, le plus vif, fouette le sang, les nerfs, et fait vivre doublement !

LA DANSE

au point de vue sportif.

Déjà, en parlant des divisions de la gymnastique suédoise, nous avons dit que la partie spécialement esthétique de cette méthode comprend des exercices de maintien et de grâce, des exercices de danse.

La danse peut être considérée comme une « gymnastique de grâce ».

A tous égards, elle doit faire partie de l'éducation des jeunes filles, et là-dessus, Mesdemoiselles, je crois inutile de vous donner des encouragements et des conseils.

Faut-il vous signaler le record que l'on a tenté de battre en fait de danse, tant il est vrai qu'elle peut être envisagée au point de vue sportif et donner lieu à des prouesses (?) excessives.

Jaloux des lauriers cueillis par les derviches tourneurs de l'Inde, un valseur italien a tourné de longues heures sans interruption.

Détenteur des records de la valse de la salle Wagram en 6 h. 1/2, de Milan en 7 h. 1/2, de Pavie en 9 heures, du Théâtre Orfeo, à Milan de nouveau, en 12 heures, il se promettait de dépasser encore et de beaucoup ces belles performances.

Je ne sais à quelle durée il est parvenu. Peu importe, d'ailleurs.

Heureusement, ce n'était pas toujours avec la même valseuse qu'il battait ces records !

DEUXIÈME PARTIE

(Deux jeux sportifs. — Quelques sports peu coûteux.)

LE LAWN-TENNIS
LE GOLF
LE PATINAGE
LA NATATION
L'AVIRON
LA PÊCHE
LA BICYCLETTE

LE LAWN-TENNIS

On sait la vogue de ce jeu sportif, devenu un complément pour ainsi dire indispensable de l'éducation mondaine.

Il convient également à l'un et l'autre sexe, et fournit une distraction aussi hygiénique qu'agréable.

Si mouvementé qu'il soit, il ne nuit en rien à la grâce féminine, et développe des qualités de souplesse et d'agilité.

Le créateur du lawn-tennis — ou du tennis, comme on dit par abréviation — est un officier anglais, le major Wingfield, qui s'inspira de la courte-paume et inventa un jeu dérivé de celle-ci. Il le nomma sphaïristike. Des modifications furent introduites et des règlements élaborés, en 1875, par un comité de sportsmen d'outre-Manche. Le jeu fut désormais appelé lawn-tennis, « paume sur pelouse ». En 1878, on adopta de nouvelles modifications.

Pour les règles du jeu, nous reproduisons le « Code de lawn-tennis », de l'Union des Sociétés Françaises de Sports athlétiques ; le comité a bien voulu nous y autoriser.

*
* *

Quelques conseils aux débutantes :

Le costume qu'il est convenu d'appeler de rigueur au tennis, se compose d'une jupe courte de flanelle et d'un corsage de même étoffe.

Mais il y a beaucoup de variantes où la grâce féminine se donne libre cours.

En tous cas, la jupe courte s'impose.

Comme chaussures, des souliers ou bottines en toile ou en cuir, avec semelles en cuir ou en peau de buffle sans talons.

On tient la raquette d'une main ferme, sans nervosité, sans violence ; avoir soin de mettre une garniture de caoutchouc au bout du manche pour empêcher la raquette, lorsque l'on a chaud, de tourner dans la main.

On jouera de préférence du poignet, de l'avant-

Fig. 15. — Le tennis au Racing-Club (Bois de Boulogne).

bras, non de l'épaule, ce qui est beaucoup moins gracieux.

Les débutantes feront bien de s'habituer d'abord seules à lancer et à reprendre des balles par un moyen très simple, en jouant contre un mur.

Elles se perfectionneront en s'éloignant de plus en plus du mur, et en envoyant les balles de plus en plus fort.

Ensuite elles s'exerceront à servir et à renvoyer la balle au-dessus du filet sur un cours (ou terrain de lawn-tennis).

Puis on jouera avec des adversaires complaisants et habiles : ceux-ci enverront des balles faciles à reprendre, et ainsi l'on arrivera très vite à une certaine force.

Quant à dépasser celle-ci, cela dépend des dons naturels que l'on peut avoir : et encore faut-il un entraînement sévère et continuel comportant, comme en d'autres sports, l'entraînement général des muscles et du souffle.

*
* *

En lisant les règles reproduites à la fin du volume, on verra quelles sont les dimensions et les divisions d'un cours de tennis, soit pour un *jeu simple* (ou une *partie simple*) à deux joueurs (art. 1er), soit pour un *jeu double* (ou une *partie double*) (¹), à trois ou quatre joueurs (art. 30).

On verra les dimensions ou le poids des balles (art. 2) — la marche de la partie, à deux, trois ou quatre joueurs — la façon de handicaper les joueurs de force trop inégale, etc.

On trouvera aussi dans le règlement reproduit l'explication d'un certain nombre de termes, tels que *lignes de fond, lignes de côté, lignes de service, demi-cours, service, balle de service, servant, relanceur, balle en jeu* ou *bonne, volée, coup à remettre, jeu, à deux, à deux de jeux, avantage de jeux, avantages* ou *handicaps, jeu double,* joueur faisant *la chouette, ligne de côté de service,* etc.

Expliquons quelques autres termes :

Couper la balle. C'est lui imprimer, par un tour de main spécial, en la faisant rouler sur la raquette, un « effet » qui amène des rebondissements dans une direction imprévue.

C'est destiné à rendre la balle difficile à reprendre.

Balle coupée. C'est celle à qui l'on vient d'imprimer l'effet que nous venons de décrire.

---

(1) *Une partie mixte double* est celle où chaque camp se compose d'un joueur et d'une joueuse.

Balle de revers. Balle reprise avec le revers de
la raquette.

Demi-volée. Se dit lorsque la balle est reprise
par une opposition de raquette, sans la frapper.

Set, mot anglais. Manche d'une partie ; ensemble
de six jeux au moins.

La partie ordinaire d'amateurs se joue en six
jeux. Le joueur qui le premier a gagné six jeux
gagne la partie ; mais les parties sérieuses se jouent
en plusieurs manches (*set*) de six jeux au moins
avec avantage de jeux, c'est-à-dire que pour gagner
un set, il faut avoir gagné deux jeux au moins de
plus que son adversaire.

*
* *

Ce qui contribue à l'effet hygiénique du tennis,
c'est qu'il se joue d'habitude au grand air.

Mais afin de pouvoir le cultiver par tous les
temps, on installe aussi des cours couverts. Par
exemple, le Tennis-Club de Paris a fait parfaitement
aménager, boulevard Exelmans, un très vaste hangar
où l'on joue sur un plancher aux lames étroites de
bois de chêne.

Quant aux parties à la lumière électrique sur des
cours couverts, malgré de savantes combinaisons
d'éclairage, l'ombre portée par les balles cause tou-

jours un certain préjudice, et la partie est loin d'être aussi agréable. Cela ne rebute pas un certain nombre d'amateurs passionnés du tennis, à qui leurs occupations ne permettent guère de cultiver dans la journée leur sport favori..

Sur les plages, on voit souvent le sable servir de terrain de tennis. On joue aussi sur des prairies.

Si l'on veut un terrain parfaitement aménagé, on creuse d'ordinaire à une profondeur de 50 à 80 centimètres. On y met, sur une hauteur de 20 à 50 centimètres, une forte couche de morceaux de briques ou de plâtras. Après avoir pilonné cette couche, on la complète par de petits fragments de mâchefer. Le tout est arrosé et damé avec soin.

Pour la couche de couverture, pour ce qui doit former le sol du cours, on emploie divers moyens. Le plus simple est de mettre de la boue de route, débarrassée des cailloux et des divers débris qu'elle peut contenir.

On obtient une surface bien plane et élastique, qui doit être arrosée fréquemment et passée au rouleau.

Les cours en ciment ou en asphalte sont fatigants pour les joueurs, par suite de leur manque d'élasticité.

*
* *

Un rendez-vous particulièrement élégant pour les joueurs et les joueuses de tennis est le cercle de l'Ile de Puteaux, organisé par le vicomte de Janzé, qui en est le président.

Au Tennis-Club de Paris se disputent en toute saison de très savantes parties.

En dehors de ces deux grands cercles, des clubs tels que le Racing, le Stade, le Tir aux pigeons, etc., possèdent des cours de tennis très fréquentés.

La Commission de tennis de l'U. S. F. S. A. a classé, en mai 1907, les joueuses dont les noms suivent en première série :

Mme Fenwick, Mme Gentien, Mme Girod, Miss Mac Veagh, Mlle Masson, Mlle Y. de Pfeiffel, Mlle Paen, Mlle Tedeschi, Mme Vernier (Région de Paris) ;

Mlle Chalier, Mlle Robiglio, Mlle Vidal-Soler (Région de la Côte d'Azur) ;

Miss O. Fitz-Gibbon (Région de Bretagne).

Citons parmi les « fines raquettes féminines » de Paris :

Mlle Antoinette Gillou, Mme Ed. Périer, la comtesse de Lur-Saluces, la comtesse de Rostand, la vicomtesse Werlé, Mme de Garmendia, Mme Toutain, Mlles de Candamo, Mlles de Heeren, la marquise Dodun de Kéroman, la marquise de Bailleul, la comtesse du Pontavice, Mme Rodocanachi, Mlle de Breuil, Mme Vagliano, la comtesse de Miramon, Mme Shopfer, Mme Decugis, la comtesse d'Esclaibes, Mme Béjot, Mlle Beeche, la comtesse de Dreux-Brézé, la comtesse de Thoisy, la princesse de Lucinge, Mme Hainguerlot, la comtesse de Kermel, Mlle Ingraham, Mlle d'Elva, Mlle G. Couturié, la baronne Benoist d'Azy, Mlle Scholta, Mme de Saint-Pierre, la comtesse

d'Hautpoul, Mlle Lefebvre, Mme Stokeber, Miss Banks, Mlle de
Gunzbourg, Miss Andrews, Mme Rœklin, Mlles Denny Ceyria,
Crétu, Tricot, Singer, Roulina, Ferrand, Mme G. Bellon,
Mlles Guillemot, Raunheim, Cormier, R.-K. Vincent, G. Tem-
plier, Worth, Matthey, Mme Vastin, Mme Pernet, Mme Bun-
gener, Mme Soulé, Mlles Régnier, Lainé, Vincent, Mme A.
Puget, Mlle Kauffmann, etc.

Que de noms nous aurions à mentionner sans sortir de
la région parisienne !

Et l'on sait que des cercles de tennis se sont fondés un
peu partout.

Fig. 16.   Cliché Delton.

Le Tennis du Tir aux Pigeons (Bois de Boulogne).

LE GOLF

Dans les milieux mondains, le golf est devenu le jeu sportif le plus à la mode après le tennis.

Il convient à la fois aux jeunes filles et aux femmes presque de tout âge.

Dans la Grande-Bretagne, son pays d'origine (pour préciser, il fut créé en Écosse), les hommes politiques les plus graves, les nobles lords blanchis dans les luttes du Parlement, pratiquent volontiers cet exercice, d'autant plus hygiénique qu'il demande un vaste terrain et donne lieu à une cure de grand air.

Ce sont les colonies anglaises de Pau et de la Côte d'Azur qui ont introduit le golf en France.

La mode fut assez longue à s'implanter. C'est à une date relativement récente, en 1896, que fut fondée la Société de Golf de Paris, présidée par M. P. Deschamps, et installée dans l'ancien haras de la Boulie, près de Versailles.

Là, on fit faire de nombreux travaux, mais l'on eut une installation à souhait.

Une confortable villa sert de club-house à la « S. G. P. ». Elle est située au milieu des *links* ou terrains de golf, entretenus avec beaucoup de soin.

*
* *

Sur un terrain de golf, à des distances variant de 100 à 500 mètres, sont creusés de petits trous, que signalent des drapeaux. Tel ou tel obstacle naturel dit « hazard » ou accident de terrain, peut se trouver entre deux trous.

On appelle « hazard » une banquette, de l'eau stagnante ou courante (sauf une flaque d'eau fortuite), un sentier, une route, une voie ferrée, des genêts, un buisson, des ajoncs, une garenne, une haie, un fossé.

Chaque joueur ou joueuse a une balle en gutta-percha et une collection de crosses (clubs), sortes de cannes terminées par une spatule en bois ou en acier.

A coups de crosse, il s'agit de faire passer la balle dans les trous. Le jeu consiste pour chaque

joueur, pour chaque camp (¹), à jouer une balle
d'un « tertre de départ » jusque dans un trou d'arrivée, et c'est le joueur ou le camp dont la balle
entre dans le trou en moins de coups qui le gagne,
sauf stipulations différentes dans les règles.

La partie est gagnée par le camp qui a une
avance de trous supérieure au nombre de trous qui
restent à jouer.

Dans les parties « par coups », le gagnant est
celui des concurrents qui fait le parcours fixé en
moins de coups.

Un « cadet » ou « caddie » accompagne chaque
joueur en portant sa collection de crosses. D'ordinaire, c'est un garçonnet qui remplit cet office, et,
outre sa mission de porteur, il doit suivre des yeux
la direction prise par la balle et éviter à son maître
la faute d'une balle perdue. (Beaucoup de joueu_
se passent de cet aide.)

Les crosses sont de différents modèles et on les
choisit suivant les cas, selon les accidents de terrain.

Les principaux modèles portent les noms sui-

------

(1) Si un joueur a un adversaire unique, la partie est dite simple
(a single). Si deux joueurs jouent contre deux autres, c'est une « partie
double » (a foursome). Un joueur peut jouer seul contre deux autres, c'est
une « partie de trois » (a threesome), ou bien trois joueurs peuvent jouer
l'un contre l'autre ; chacun jouant sa balle et c'est alors une « partie à
trois balles ».

vants : *niblick, iron, cleek, putter* (spatules en acier);
driver, brassie (spatules en bois).

A la Boulie, il y a un grand parcours de
18 trous. D'autres Sociétés n'ont qu'un parcours
de 9 trous, pemettant déjà de faire de longues
parties, assez longues, spécialement, pour les golfeuses, parmi lesquelles il ne manque point, au
demeurant, de joueuses infatigables et ne craignant
pas les difficultés.

Pour jouer commodément, il faut une toilette
très simple laissant les mouvements parfaitement
libres. Les coups de longueur exigent que le
bras se lève sans risque d'un craquement subit
d'étoffe.

Un chapeau soulevé par un coup de vent peut
aussi causer de fâcheuses distractions. Aussi la cas-
quette est-elle souvent adoptée par les golfeuses
anglaises.

** **

Parmi les meilleures joueuses qui se sont distinguées à la Société de Golf de Paris, on cite
Mmes P. Dunn, Forbes, Mlles A. Mallet, Yvonne Pre-
vost, la comtesse Mercati, Mmes Pratt, Abott, Lam-

bert, E. Vail, la comtesse de Pourtalès, la comtesse de Ganay, Mme de Klee, Mmes H. Ridgway, W. Kingsland, la comtesse Aubaret, Mme Allez, Mlles Godillot, de Cabrol, Mme Béjot, Mme Deschamps, la comtesse de Montebello, Mme Henri Letellier, la comtesse de Chambrun, Mmes Bacon, Vieugué, H. Bucquet, Child, Mlle H. Halfon, Mlle Merlin, la baronne A. de Diétrich, la baronne Henri de Rothschild, la princesse de Lucinge, Mme Achille Fould, Mme René Fould, Mlle Sandford, Mlle Fourton, Mme Storer, Mme R. Raoul-Duval, la comtesse de Salignac-Fénelon, la comtesse Allan de Montgomery, Mme Von André, Mme Vagliano, etc.

Que d'excellentes joueuses il faudrait citer encore dans les différents golf-clubs de France !

Nous reportons à la fin du volume, en raison de leur longueur, les règles du jeu d'après l'*Annuaire de l'U. S. F. S. A.*, dont le Comité a bien voulu nous autoriser à les reproduire.

Fɪɢ. 17.

Sur la patinoire de Davos. — Mlle Gudrun Winding, une jeune patineuse danoise.

LE PATINAGE

Ce sport convient à merveille à une jeune fille, à une femme, et met en relief, développe même sa grâce naturelle, l'élégance de sa tournure.

Une jolie femme paraît encore plus jolie lorsqu'elle glisse sur la glace avec des légèretés de cygne. Soyons poétiques !

Que d'élégantes patineuses on remarque à Paris ! Elles étaient déjà nombreuses avant la création d'établissements tels que le «Pôle-Nord », puis le « Palais de Glace », où l'on peut s'entraîner tout l'hiver.

On était surpris de voir paraître au Bois de Boulogne toute une légion de patineuses qui semblaient aussi exercées, aussi habiles que si elles eussent passé plusieurs hivers dans les pays du Nord.

Où et comment avaient-elles appris l'art du patin ? On se le demandait tout en admirant leurs prouesses sur le glissant miroir de la glace.

Ces facilités nouvelles que l'on a maintenant pour pratiquer ce sport ont grandement augmenté le nombre de ses adeptes ; et nous ne pouvons songer à faire une liste complète de toutes les patineuses dignes de mention.

En ces dernières années on remarquait à Paris, dans les réunions de patinage :

L'Infante Eulalie, comtesse Louis de Gontaut-Biron, duchesse de Morny, Mme Maurice Ephrussi, Mme Aumont, lady Helen Vincent, baronne Édouard de Rothschild, Mme et Mlle Halphen, comtesse François de Miramon, Mme Eugène Vail, Mme Maugham, Mlle Bouët-Willaumez, comtesse de Moltke, Mlles Pimentel, Subervielle, Micard, marquise de Massa, Mlle de Sinçay, Mme Ashkevasy, Mlle Castellanos, Mme Keischman, Mme Fenaille, marquise de Breteuil, baronne de Coubertin, Mme Verdé-Delisle, Mlle Solange de Lesseps, Mme et Mlle Laroche, comtesse de Barbentane, Mme Gouin, Mme et Mlle Avril, comtesse Stenbock, Mme Pinto, baronne Henri de Rothschild, marquise de Clermont-Tonnerre, Mme et Mlle Fourton, Mme Henri Letellier, Mme Bucquet, la marquise et Mlles de Laborde, Mme et Mlle de Saint-Paul, baronne de Linsingen, Mme et Mlle de Keranflech, comtesse et Mlle Récopé, comtesse Eugène d'Harcourt, vicomtesse de Sainte-Suzanne, Mme Léon Fould et Mlle Fould, Mme et Mlles Lambert de Sainte-Croix, Mme Jack Leishman, Mme Payne, Mme Mourichon, Mlle de Saint-Sauveur, Mlle Green, Mme de Louzé-Giard, Mme et Mlles Sherman, Mlle Blackinton, marquise de Chasseloup-Laubat, baronne Franchetti, Mlle de Kertanguy, marquise de Noë, Mme Trousseau, Mme Godillot, Mmes Fleutiaux, Magnus, Hine, Ricard, Van der Hoven, de Carranza y Loya, marquise de Montrichard, Mmes Sevène,

Pasquier, Macquaire, Michel de Joucques, R. d'Ariès, Mahinias, Mlle Chabrié, Mme et Mlle Giron, Mlles Lecompte, Defais, Malarais, etc.

Aux débutantes dans le beau sport dont il s'agit, nous avons la bonne fortune d'offrir un véritable petit manuel pratique écrit par notre ami George E. Vail, si connu dans tous les milieux où l'on patine sous le pseudonyme de Frost.

Il a publié autrefois *L'Art du Patinage* ; et, en dehors du sport, des livres remplis d'humour et d'esprit. L'anglais et le français lui sont également familiers ; et c'est tout naturel, car George Vail est Américain du Nord par son père, Français par sa mère. Du côté paternel, il appartient à une famille des plus connues de New-York, dont plusieurs membres marquèrent dans la diplomatie. Du côté maternel, il est apparenté à plusieurs des plus anciennes familles de Bretagne. Sa double origine de Yankee et de Breton explique la rare persévérance, qui est une des notes dominantes de son caractère. Son esprit original s'est montré en un livre à la Henry Monnier « *The Troubles of Monsieur Bourgeois* », écrit dans un anglais spécial, orthographié de façon à imiter ironiquement ceux qui prononcent mal la langue de Shakespeare. Depuis la publication de ce livre, je n'ose même plus dire à Frost : « *How do you do to-day ?* »

Il a gagné une fameuse partie sur les planches : en effet, sa pièce, « *Partie gagnée* », a dépassé la centième au Gymnase.

Que d'élèves appartenant au beau sexe et à la plus élégante société ont demandé à Frost l'appui de son bras pour exécuter sur la glace les mouvements dont il avait formulé la théorie ! Au Cercle des Patineurs du Bois, à Saint-Moritz et à Davos, où il passe une grande partie de l'hiver, et un peu partout, au cours de ses voyages, Frost a formé, professeur-amateur sans rival, d'innombrables élèves, aussi désireux qu'elles-mêmes de constater leurs rapides progrès. Veuillez suivre ses conseils, ô jeunes débutantes, et vous régnerez sur la glace !

Fig. 18.

Sur la patinoire de Davos. — Miss Ethel Hoghton, une jeune patineuse
anglo-française (née de mère française).

PETITE CAUSERIE SUR LES ÉLÉMENTS
DU PATINAGE

PAR GEORGE E. VAIL (FROST).

Jeunes Filles, vous n'avez pas encore patiné ?

Et vous voyez (pour la première fois ?) glisser, tourner, pirouetter, tourbillonner, sautiller — en avant, en arrière, à droite, à gauche — partout.

Vos yeux frais pétillent d'envie d'être de la partie. Ils admirent la gracieuse aisance de certains

7

coups de patin; ils suivent un joli dessin tracé sur la glace.

Ah! vos petites dents blanches sont au vent; vous riez de bon cœur, sans méchanceté, en vous moquant, malgré vous. Ce n'est pas de votre faute. Je le comprends si bien, que je ne puis m'empêcher de rire aux éclats avec vous : parmi cette bande joyeuse, il y en a de si drôles, avouons-le, de si grotesques.

Oh! mais nous n'allons pas suivre cet exemple! Nous allons étudier sérieusement, raisonner, tout en nous divertissant, et savoir au juste ce que nous désirons faire avant de l'entreprendre. Nous irons progressivement. Vous me le promettez?

Alors, choisissons nos patins — non, permettez, d'abord nos bottines.

J'en entends parmi vous qui disent : « Je donnerais n'importe quoi pour apprendre à patiner; mais jamais je n'oserais essayer. Hélas! j'ai les chevilles beaucoup trop faibles! »

Pardon, vous vous trompez; jeunes filles, vous vous trompez.

Mademoiselle, prêtez-moi votre main. Voyez comme je puis tourner votre poignet en tous sens. Est-il faible? Non, il est souple, ainsi que vos doigts effilés. Êtes-vous fâchée d'avoir ce poignet et ces doigts effilés si souples, lorsque vous jouez du piano avec un doigté qui nous charme ?

Il en est de même pour votre cheville : elle est tout ce qu'il y a de plus souple. Tant mieux. Vous pouvez tourner votre pied en dehors, en dedans, dix fois plus que nous, et cela vous donnera un avantage inouï dans tous les mouvements sur la glace.

Soyez certaines, jeunes filles, que des chevilles trop faibles pour patiner n'existent pas. Êtes-vous contentes ?

Quant à la bottine et au patin, Brrrrou ! je frémis en y pensant !

C'est cette petite bottine-là — très fine, très mignonne, j'en conviens — que vous alliez choisir pour patiner ?

Tenez, regardez : si je presse juste au-dessus du talon, c'est mou comme un gant. Et le talon, s'il vous plaît ? Un talon Louis XV. Je l'arracherais avec deux doigts sans le moindre effort. Et la semelle ? Beaucoup, beaucoup trop mince, trop faible. Et la bottine est à boutons ! Horreur ! Il y a de quoi, non pas se donner simplement une entorse, mais se tuer en essayant de patiner avec cela.

Dites à votre bottier — s'il est de confiance — s'il ne l'est pas, adressez-vous à un autre, de suite,

— dites à votre bottier de vous faire une paire de bottines spéciales, à lacets, laçant un peu plus bas que d'habitude — afin de pouvoir serrer ou desserrer les doigts de pied à volonté — en cuir souple, mais solide; à talon large et droit, pas la moitié aussi haut que ce talon Louis XV, et à semelle forte. Que la partie juste au-dessus du talon (qui était molle comme un gant) soit *excessivement rigide*. Il faut que vous sentiez en vous chaussant que votre talon est emboîté. Voilà l'essentiel.

Si la bottine vous blesse, si elle vous pince au petit doigt, n'écoutez pas votre bottier; ne remettez jamais cette bottine. Vous souffririez le martyre en patinant, et personne ne vous en saurait gré.

Croyez-moi : il n'est pas indispensable de souffrir pour être belle. Soyez heureuse, et vous resterez toute belle.

Encore une recommandation : lacez votre bottine avec un seul lacet, comme si vous cousiez. Il est ainsi bien plus aisé de la serrer ou desserrer quand on est sur la glace. Vous trouverez utile de vous servir d'un petit crochet — un tire-bouton de poche.

Ayez soin de faire poser sous la languette — qui est toujours trop mince — une légère épaisseur de feutre, afin que le lacet une fois bien serré ne puisse vous blesser.

Maintenant — le Patin !

Pas de courroies, pas de clef, pas de cannelure. Un patin tout ce qu'il y a de plus logique, de plus simple. Une lame peu cintrée, de largeur et de hauteur moyennes, s'adaptant à la semelle et au talon de la bottine uniquement par deux plaques vissées (un bon nombre de vis), de façon telle qu'il n'y ait pas le moindre jeu, et qu'il soit impossible de l'arracher sans arracher la semelle et le talon de la bottine.

La bottine devient ainsi une bottine-patin, et le patin un patin-bottine.

La lame, toujours plus longue que les plaques, doit dépasser la bottine d'environ un centimètre à l'avant et au talon. Il est essentiel qu'elle se trouve placée *très en dedans*, c'est-à-dire beaucoup vers l'orteil et dans cette même ligne au talon. C'est la *ligne d'appui*.

Bien simple, n'est-ce pas ?... Pourtant neuf personnes sur dix qui gigottent sur la glace, sans avoir reçu de conseils, ont aux pieds des casse-cous. Elles ne se doutent guère du danger. Elles s'imaginent que, du moment qu'elles sont chaussées et qu'il y a des patins quelconques sous leurs chaussures, elles peuvent apprendre à patiner. Elles se trémoussent dans leur ignorance; et lorsqu'il leur arrive des accidents, elles s'en prennent entièrement à leurs « *chevilles trop faibles* » !

*
* *

Vous voici, chère petite élève, sur la glace, patins aux pieds.

Votre première idée (je m'y attendais) est de marcher — marcher très vite — presque courir, comme si vous étiez sur le gazon ; vos pieds s'écartent ; vous n'avez pas d'équilibre. Vous tournez sur place, vous trébuchez ; vous sentez que vous allez tomber en arrière. — « Au secours ! »

Non, vous n'allez pas tomber ; je suis là ; je vous tiens la main et le bras. Penchez-vous un peu en avant ; réunissez vite vos pieds, presque talon contre talon. Ne bougez pas. Comme cela vous êtes d'aplomb, impossible de tomber.

Ah ! chère petite élève, vous avez voulu marcher comme sur le gazon, sans songer que lorsque vous marchez sur le gazon vous pliez le pied à chaque pas. Comment pourriez-vous plier le pied avec une lame d'acier *qui ne plie pas ?*

Nous n'allons plus essayer de marcher ; nous allons *glisser*, mais glisser très, très peu à chaque pas et aussi lentement que possible.

Soyez sans crainte ; je vous tiens toujours la main et le bras.

Chaque pas est *un coup de patin.* Au moment de donner un coup de patin, vos pieds doivent être très rapprochés, les lames un peu en équerre, autrement vous n'auriez aucun point d'appui.

Vous poussez d'un patin et glissez en avant sur l'autre qui supporte tout votre poids. Le patin qui a poussé se lève aussitôt et se place très près de celui sur lequel vous glissez. Il est, pour le moment, libre ; mais dès que le pas sera fini, ce sera son tour à lui de se poser sur la glace, d'être poussé, de glisser et d'avoir le bonheur de supporter tout votre poids. Voilà pourquoi il doit se tenir en éveil, près de l'autre patin, et la pointe un peu en dehors.

Après quelques pas, pied droit, pied gauche, ayant de l'élan, gardez vos deux patins sur la glace, rapprochés, parallèles. Glissez ainsi un ou deux mètres, votre poids également réparti sur les deux lames.

Commençons : Pied droit, pied gauche... Pas si vite, pas si vite. Voyez, vous allez dix fois plus vite que moi. Au début, l'on veut toujours aller trop vite — beaucoup, beaucoup trop vite. Tâchez de gagner une course de lenteur, et vous irez très loin sans vous fatiguer. A mesure que vos lames et la glace font connaissance, les coups de patin s'allongent : la confiance vient avec l'équilibre et l'équilibre avec la confiance.

Je vous tiens de moins en moins... Vous ne vous en étiez pas aperçue ? Je ne vous tenais pas du tout.

Ces pas que vous venez de faire, ces coups de patin que vous venez de donner étaient déjà beaucoup plus longs que les autres, parce que vous avez été obéissante ; vous avez glissé très lentement, vos pieds bien rapprochés et vos lames un peu en équerre au moment de vous lancer.

..... Essoufflée ? Lasse ? Arrêtez-vous. Voici comment :

Restez sur deux pieds. Écartez les talons en rapprochant davantage les pointes. Vos lames forment ainsi deux côtés d'un triangle qui résistent à l'impulsion que vous aviez acquise. Si vous préférez, si cela vous est plus aisé, vous pouvez vous arrêter aussi bien en tournant vos deux pointes en dehors, et en rapprochant les talons. Le résultat est absolument le même.

Reposons-nous. Comment ? Vous le savez à présent : les pieds se touchent presque et presque talon contre talon. Vous restez inclinée un peu en avant.

Écoutez. Un patin a deux *carres* ou deux tranchants — en dehors et en dedans par rapport au pied. Exemple : la carre du dehors de votre patin droit est celle qui se trouve du côté droit — du côté du petit doigt de pied, et la carre du dedans est celle qui se trouve du côté gauche, du côté de l'orteil.

Vous avez tout de suite senti, en glissant tant soit peu sur une lame, qu'il y avait tendance à faire une courbe en dedans vers le côté opposé au pied qui glisse.

Cela provient de ce que le poids de votre corps est beaucoup plus en dedans qu'en dehors ; et forcément votre lame penche en dedans. Or, un patin est comme un cerceau : il va où il penche.

Bien qu'un patin n'ait réellement que deux carres : dedans et dehors, il y a, en termes de patinage, *quatre* carres ; et selon que vous glissez sur un patin en avant ou en arrière, en dedans ou en dehors, vous faites :

Le Dedans en avant.
Le Dedans en arrière.
Le Dehors en avant.
Le Dehors en arrière.

La tendance étant au début — nous l'avons vu —

à patiner toujours en dedans, nous devons travailler d'abord le Dehors.

Ayons une idée claire de direction ; dirigeons-nous vers un point fixe, et partons non pas de front, mais absolument de côté : si nous partons du pied droit, nous faisons face à gauche, l'épaule droite en ligne avec notre point de mire.

Donnons deux coups de patin, tout petits, petits, droit devant nous, sans nous préoccuper de l'empreinte sur la glace. Ces deux tout petits, petits coups de patin ne sont que pour obtenir de l'aplomb, de l'équilibre, de la confiance. C'est le troisième coup de patin qui va compter. Il de-

Fig. 19.

vrait être long, dessiner un demi-cercle et nous ramener sur la ligne où nous étions au moment de partir. Alors nous faisons face à droite, l'épaule gauche en ligne avec notre point de mire. Et nous répétons le même mouvement en partant cette fois du pied gauche — ainsi de suite.

Malgré vous, ce troisième coup de patin ressemble énormément aux deux premiers. Pour le moment, vous croyez qu'il vous est impossible de lui donner la courbe et la longueur voulues.

Raisonnons un peu. En donnant les deux premiers coups de patin, vos épaules n'étaient pas effacées, puisque vous alliez tout droit devant vous, tandis qu'au troisième coup de patin, vos épaules doivent être tout ce qu'il y a de plus effacées — comme dans la position d'un escrimeur en garde — même encore davantage si possible.

Au moment de donner ce troisième coup de patin, regardez — la tête haute — par-dessus l'épaule droite dans la direction où vous devez glisser.

Restez les épaules effacées (les hanches le sont d'elles-mêmes aussi); laissez pendre vos bras naturellement avec souplesse; pliez le genou droit, et poussez, poussez, poussez, à plusieurs reprises du patin gauche en vous penchant de plus en plus sur le dehors du patin droit.

Oui, poussez, poussez, poussez..... jusqu'à ce que vous arriviez où vous le désirez, face à droite. prête à recommencer du côté gauche.

Je ne vous cache pas, chère petite élève, qu'il vous faudra répéter ce mouvement — toujours avec l'idée de direction — bien des fois. Mais vous verrez qu'avec de la patience, vous ferez des progrès rapides, et que le patin qui a poussé, poussé, poussé, poussera de moins en moins. Vous supprimerez les deux premiers tout petits, petits coups de patin, et vous arriverez à faire le demi-cercle d'un seul bon coup de patin, face à gauche, face à droite. Je vous le promets. Vous sentirez, en faisant le dehors en avant, comme si vous étiez enlevée dans l'espace : vous goûterez du vol de l'oiseau.

Comment apprendre à patiner en arrière ?

Tournez-moi le dos. Tenez vos pieds rapprochés..... Je rabâche ?.... Tant pis, il le faut..... et je n'ai pas encore fini de rabâcher..... je profite de votre promesse d'être obéissante. Tenez vos pieds rapprochés ; ils s'écarteront tout à l'heure..... ils se sont déjà écartés un peu.

Soyez de plomb sur le patin droit, et de plume sur le patin gauche. Tournez la pointe du patin gauche le plus possible en dedans, et poussez-vous de ce patin en faisant un mouvement très vif de torsion des épaules et des hanches de gauche à droite, en regardant par-dessus l'épaule gauche. Répétez plusieurs fois d'un pied comme de l'autre.

Vous avez fait peu de chemin. C'était prévu.
L'essentiel est de saisir ce mouvement de torsion
des épaules et des hanches, et que le patin sur
lequel vous avez, pour ainsi dire, pivoté, supporte
presque entièrement votre poids.

Poussez lentement ; faites ce mouvement de
torsion doucement — vos deux patins restant toujours sur la glace — vous pivotez moins, vous
faites plus de chemin. Avec de la pratique, les
courbes s'allongent, et le patin qui a poussé et qui
supporte à peine votre poids (celui sur lequel vous
étiez de plume) ne le supporte plus du tout : il
vient se placer tranquillement derrière l'autre vers
la fin de la courbe et osera se lever tout à fait.

Vous pouvez alors essayer le dehors en arrière
progressivement, en suivant le même principe que
pour le dehors en avant.

Je rabâche encore ; je ne saurais mieux vous
conseiller qu'en vous recommandant de travailler
avec énergie et patience les quatre carres, en observant toujours ce même système — ce système de
deux tout petits petits pas pour commencer, *et
cætera*.

Le Dedans en avant vous sera beaucoup plus
facile ; vous avez été sur cette carre si souvent sans
y penser que l'équilibre est tout trouvé ; et, du

reste, vous n'avez pas besoin d'effacer autant les épaules. Mais il ne faudra pas négliger cette carre, elle est indispensable.

Le Dehors en arrière est, par contre, très difficile. Au moment de donner le coup de patin, les pointes doivent être tournées bien en dedans, afin qu'il y ait un peu d'équerre — un point d'appui — pour pousser.

Le pied libre, aussitôt levé, reste devant l'autre quelque temps. Il est ramené en arrière très lentement.

Lorsque vous êtes assez ferme sur vos quatre carres pour faire de bons demi-cercles, il faut travailler ces quatre carres avec persistance en cercles entiers, — en huit.

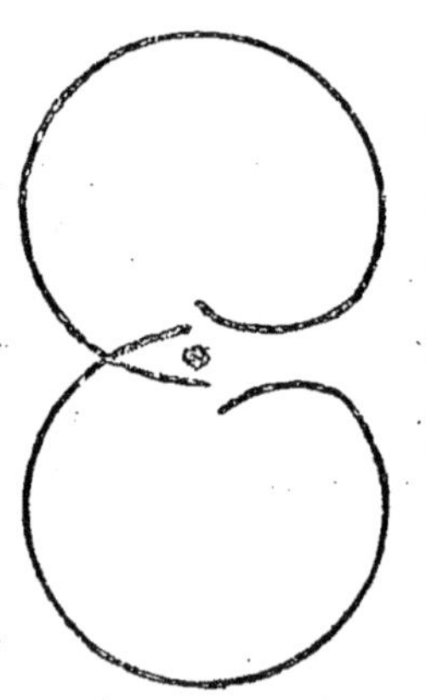

Posez sur la glace, comme point de repère, un objet léger — tel qu'une balle minuscule en caoutchouc — qui glisse facilement et ne pourrait causer une chute si, par hasard, votre lame l'effleurait.

Exercez-vous à partir de ce point de repère, et à y revenir à chaque coup de patin.

Fig. 20.

Il faut persister jusqu'à ce que vous puissiez fermer votre cercle — faire un cercle complet. Le balancement de la jambe libre vous aidera énormément.

Vous pouvez faire les dehors en avant et en arrière très gentiment, mais moins grands, ayant moins d'élan — en croisant les pieds à chaque pas. Ces coups de patin s'appellent des *croisés*.

Dans le Huit sur le dehors en avant, la jambe libre reste derrière l'autre presque tout le temps; tandis que dans le Huit sur le dedans en avant, elle se place doucement en avant au demi-cercle.

Dans les Huit en arrière, elle est devant l'autre pendant le premier demi-cercle, ensuite derrière.

La position de la jambe libre vous fera sentir quelle doit être celle des épaules, des hanches, des bras et des mains. Souvenez-vous que le pied libre doit être toujours bien détaché de l'autre, mais pas en l'air : la pointe baissée et tournée en dehors.

Pliez légèrement la jambe libre; ne tournez jamais vos coudes en dehors — c'est fort laid; — levez peu les bras, évitez de les écarter inutilement; ne crispez pas les doigts, ne les écartez pas non plus. Qu'il n'y ait aucun angle dans vos lignes.

Puisque vous êtes, vous le savez, jeunes filles, l'idéal de la souplesse, de la grâce sur terre, pourquoi ne le seriez-vous pas sur glace ?... Nous voulons être charmés, éblouis !

Après les Huit, viennent les *changements de carre* : passer d'une carre à l'autre en traçant un grand **S** sur un patin.

Comme il y a quatre carres, il y a, naturellement, quatre changements de carre. Le principe est le même pour tous :

Vers la fin du demi-cercle, accentuez, raccourcissez la courbe en vous penchant davantage sur la carre ; *fléchissez*, balancez la jambe libre — bien en avant ou en arrière, le pied par-dessus ou derrière l'autre, selon que vous patiniez en avant ou en arrière ; puis ramenez-la vivement — toujours en balancement — et prenez de suite la position correcte pour la nouvelle carre.

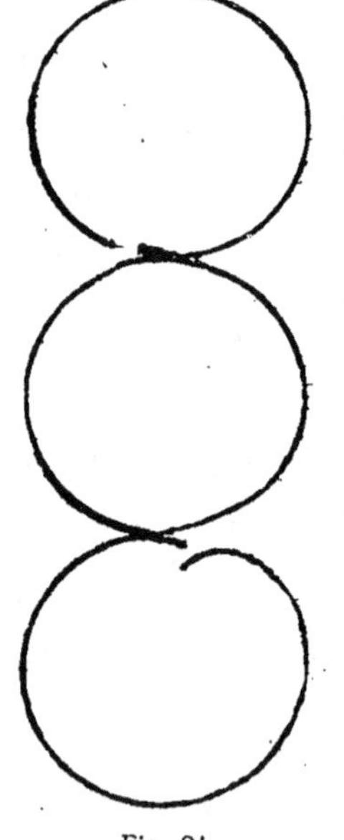

Fig. 21.

L'**S** n'est qu'un mouvement. Pour que la figure soit complète, il faut arriver à faire un cercle entier sur la deuxième carre. Vous reprenez ce demi-cercle (première carre) de l'autre pied sur cette carre.

Ça va sans dire que pour le cercle entier après un changement de carre, la position est pareille à celle que vous avez pour un cercle entier sans changement de carre.

Plus tard, quand vous aurez travaillé davantage, vous serez à même de faire un Huit entier sur un pied : cercle, changement de carre, cercle.

Ensuite? — Les Trois.

Exécutés sur un pied et ainsi nommés, parce que l'empreinte ressemble au chiffre **3**.

Essayez sur le dehors en avant... sans hésiter, sans raisonner. Vous prenez de l'élan et... crrrr !... Votre patin gratte; vous faites un peu de chemin presque en travers de la lame, sans avoir tourné.

Il en est toujours ainsi la première fois. Pourquoi?

Votre patin y a mis de la bonne volonté, il a fait un effort très méritant pour tourner; mais votre corps était mal placé, l'équilibre n'a pas aidé votre patin.

Voici la progression :

Songez d'abord à pivoter; ça m'est égal si vous pivotez sur place, pourvu que vous pivotiez sur un pied. Recommencez une dizaine de fois. A la bonne heure, déjà quelque chose : vous pivotez sur un pied.

Essayez maintenant de rester un peu sur la carre avant de pivoter.

Fléchissez, et, au moment même de pivoter, levez-vous légèrement sur l'avant du patin. Après

8

avoir pivoté, vous vous trouvez sur le dedans en arrière.

Travaillez de la même façon les Trois sur les quatre carres. Vous pivotez d'arrière en avant un peu sur le talon.

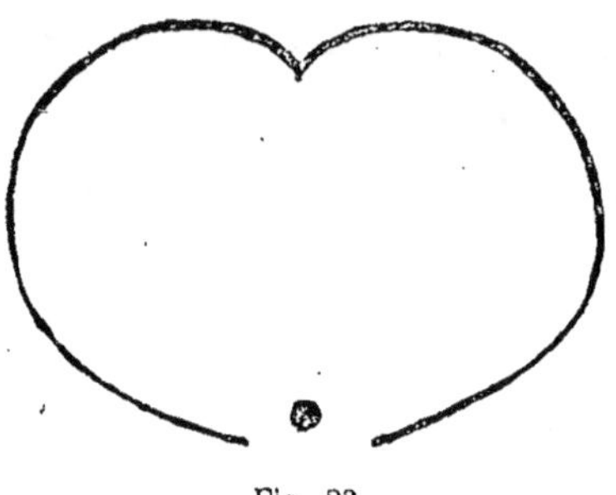

Fig. 22.

Visez toujours à faire les deux parties du Trois, approximativement de mêmes dimensions.

Les simples Trois en avant se tracent aisément pied droit pied gauche; tandis que les simples Trois pied droit pied gauche en arrière exigeraient des positions anormales avec plus ou moins de saut. Voilà pourquoi un simple Trois en arrière est précédé ou suivi d'un Trois en avant sur l'autre pied.

En revanche, tous les doubles Trois, où vous pivotez deux fois de suite sur le même pied, vous permettent de repartir du point de repère aisément de l'autre pied sur la même carre. Observez les mêmes principes que dans le simple Trois pour les proportions relatives des courbes.

Nous allons maintenant étudier la Loupe — la plus jolie, la plus intéressante de toutes les figures sur la glace.

La Loupe est, vous le devinez, tout bonnement un ovale au milieu d'un cercle. Il faut donc pouvoir

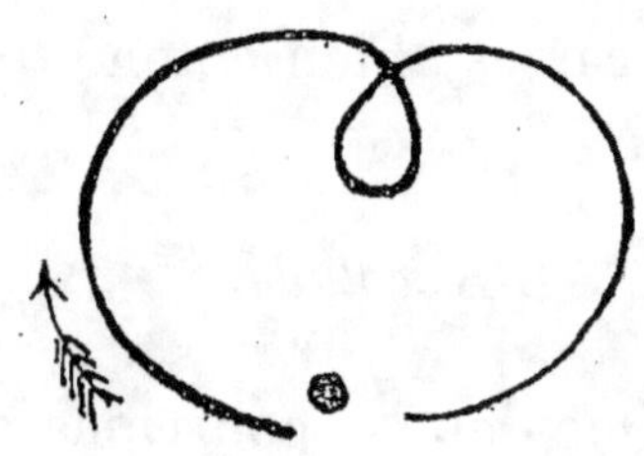

Fig. 23.

faire un tour complet au demi-cercle et, tout en tenant bien la carre, faire le second demi-cercle. Comment vous y prendre?

Commencez par faire quelques centaines de spirales sur les quatre carres, en gardant la jambe libre *jusqu'à la fin* de chaque spirale dans la position même où elle se trouvait au départ.

Quand vous aurez fait ces quelques centaines de spirales très lentement, vous serez toute

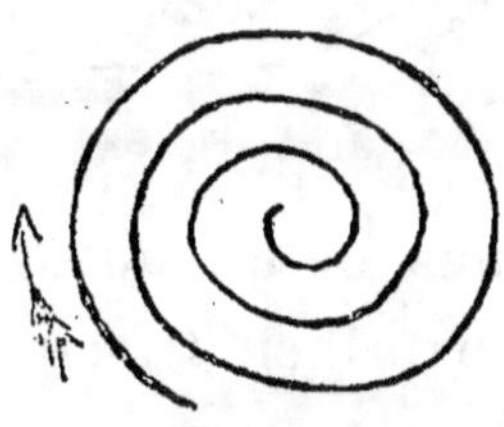

Fig. 24.

prête à essayer la loupe même.

Au moment où la carre se meurt, où vous devenez presque immobile, balancez vivement la jambe libre — en avant si votre spirale vient d'être faite en avant, et en arrière si elle vient d'être faite en arrière. Ce balancement vous fera sortir de

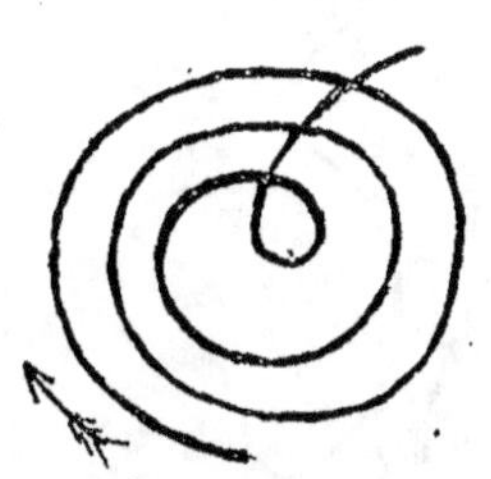

Fig. 25.

la loupe. Essayez. Vous ferez ensuite de moins en moins de spirale avant ce balancement vif de la jambe libre, et vous arriverez à faire votre loupe juste au demi-cercle.

Il nous reste encore trois différents « Turns », sur un pied et sur les quatre carres, bien entendu.

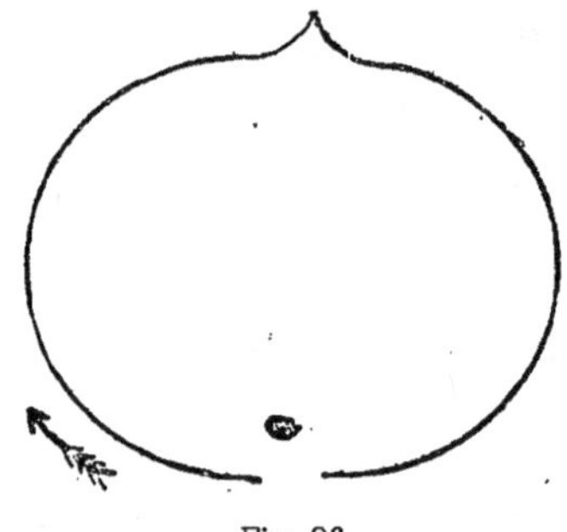

Fig. 26.

L'Accolade.

Que nous pourrions, en quelque sorte, appeler un « Contre-Trois », puisque nous tournons d'une carre à la carre contraire, soit en avant soit en arrière, mais en un autre sens, et faisant en principe face du même côté.

La Bascule.

On tourne comme dans le Trois, mais d'une carre *à la même carre*, soit en avant soit en arrière. Exemple : du dehors en avant au dehors en arrière.

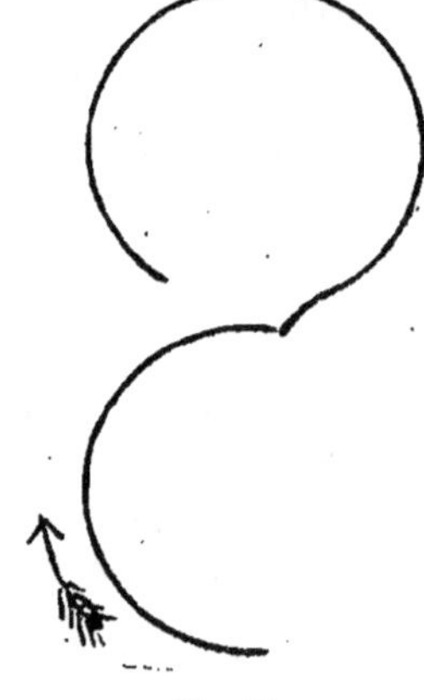

Fig. 27.

La Contre-Bascule.

Également d'une carre *à la même carre*, soit
en avant soit en arrière, en tournant
non pas comme dans le Trois, mais
comme dans l'Accolade.

Notez que tous ces *turns* ont une
ou deux fausses courbes ou courbes
de liaison.

Il en existe deux dans l'Accolade : l'une à la fin de la première
carre, l'autre au commencement de
la seconde carre. Dans la Bascule,
cette courbe de liaison se trouve

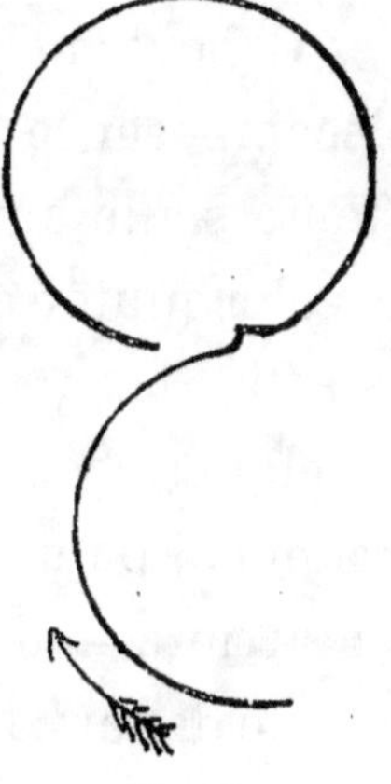

Fig. 28.

seulement au commencement de la seconde carre;
et dans la Contre-Bascule, seulement à la fin de
la première carre.

Votre lame, en faisant malgré elle cette courbe
de liaison, doit pourtant être sur la carre correcte.

Moins il y a de courbe de liaison, plus le « turn »
est net et la figure exacte.

Je vous ai surprise déjà bien des fois, chère
petite élève, valsant avec un jeune cavalier qui vous
tenait comme dans une salle de bal. Il vous conduisait, vous faisait glisser et tourner en mesure.

Saviez-vous au juste ce que vous faisiez? Vous répondez : « Je valsais. Valser sur la glace, c'est vivre. » J'admire votre enthousiasme, votre frénésie : c'est de votre âge. Je vous applaudis des deux mains.

Cependant, pour valser correctement, il faut décomposer le pas, le bien comprendre, le travailler (toute seule autant qu'avec votre cavalier), et arriver à voler plutôt qu'à glisser.

Or, ce pas de valse est fort simple. Le voici : Quelques coups de patin légers pour entrer en cadence, puis on commence. La dame fait un dehors en arrière — d'habitude du pied droit ; un seul Trois sur le dehors en avant de l'autre pied ; puis un second dehors en arrière sur le pied qui avait commencé.

Elle se trouve donc de nouveau sur le dehors en arrière — après avoir fait un tour complet. Elle répète chaque fois le même mouvement de l'autre côté, partant de l'autre pied, et ainsi de suite.

Le cavalier doit, en valsant, faire patiner la dame autant que possible en arrière. Son rôle, à lui, est de s'effacer, de faire valoir les mouvements gracieux de sa charmante partenaire.

Il commence par un simple Trois, dehors en avant, d'habitude pied gauche — et en croisé. Il fait ensuite un dehors en arrière sur l'autre pied, et un dehors en avant sur le pied qui avait commencé.

Le cavalier, lui aussi, a donc fait un tour complet, et il répète de l'autre côté en continuant pied droit pied gauche, pied droit pied gauche... tant que vous voulez. On peut, si l'on veut, répéter deux ou même plusieurs fois du même côté. Le principe ne change pas.

Allez, chère petite élève, allez ; la musique vous appelle, et votre cavalier aussi... mais rappelez-vous votre promesse d'être obéissante. Travaillez le pas de valse beaucoup toute seule, comme toutes les autres figures. Faites de vrais dehors en arrière, de vrais Trois ; ne soyez jamais pressée de changer de pied ni de tourner.

Vous deviendrez de plus en plus légère. Vous aurez des ailes.

Voulez-vous essayer, pour vous distraire, les cercles en pivot ? les pirouettes ordinaires ? les pirouettes sur pointe ? les « cross-cuts » — courbes courtes et entre-coupées ?

Je ne vous le conseille que lorsqu'il y a peu de place.

Amusez-vous plutôt avec le patinage sur deux pieds ; — exercez-vous à serpenter, à tourner, sans que vos lames quittent la glace ; — croisez, décroisez vos petits pieds — en avant, en arrière ; balancez, appuyez tantôt sur un patin, tantôt sur l'autre. Caressez la glace avec vos lames — elles ne demandent que cela.

Vous tracerez des *vignes*, d'abord simples, puis doubles. Donnez libre carrière à votre imagination. Composez.

Oui, composez; mais revenez toujours au travail sérieux, aux simples éléments du patinage.

..... Oh! je rabâche, je rabâche, moi qui rabâche depuis tant d'années patins aux pieds.

C'est que, vous seules avez le don de rendre au patinage la poésie du mouvement — vous seules... si vous le voulez, jeunes filles !

Votre adorateur sur les *crystals of joy*.

GEORGE E. VAIL (FROST).

LA NATATION

Nager, se sentir porter à la cime frangée d'argent des vagues, puis glisser dans leurs mouvantes vallées aux reflets d'émeraude, être doucement bercée à l'aide de légers mouvements au-dessus de ces flots dont on aspire à pleins poumons l'odeur fraîche et vivante, — voilà certes le plus délicieux de tous les sports.

Que de sensations il donne aux Parisiennes énervées qui vont se retremper dans les vagues de nos plages à la mode ! Le bain devient doublement exquis pour celles qui savent nager et peuvent ainsi se dispenser de cet exercice, parfois un peu ridicule, qui consiste à sautiller le long d'une corde au-dessus d'un pied d'eau, à dix mètres des cabines.

Lorsque nos jolies nageuses se sont aventurées un peu loin, le sentiment même du faible danger qu'elles courent devient pour elles une sorte de plaisir..... que nous ne leur conseillons pas !

Si pour se reposer elles font la planche — autant que leur permettent leurs formes — c'est encore une sensation particulière et délicieuse.

Mollement couchées sur la vague, la tête renversée, les yeux tantôt demi-clos, tantôt admirant les teintes bleues et blanches du ciel, elles se sentent comme caressées par le flot qui les soulève et les berce.

Plus calmes, plus tranquilles, les bains de rivières ont aussi leurs sensations spéciales. A défaut du doux balancement de la vague et de la brise grisante de la mer, ils donnent une plus vive impression de fraîcheur, de repos et d'apaisement.

A l'agréable joindre l'utile, la natation remplit à souhait ce but idéal. La natation — mot un peu lourd pour désigner un tel sport — unit à une distraction hygiénique, exerçant tout l'organisme, de précieux avantages sur lesquels il est inutile d'insister.

Dans toute famille habitant auprès de la mer ou d'une rivière, on devrait faire apprendre aux enfants des deux sexes un sport qui leur permet, s'ils tombent dans l'eau, de se tirer d'affaire, et aussi de porter

secours « à leurs semblables », suivant l'expression
consacrée.

*
* *

La conformation de la femme contribue à lui
rendre les mouvements de la natation relativement
faciles.

Les exploits retentissants de quelques nageuses,
en ces dernières années, dans de grandes épreuves
comme la traversée de Paris — ou même de la
Manche — ont fait naître de nombreuses vocations.

Beaucoup de jeunes filles et de jeunes femmes
se sont mises à cultiver la natation. Il s'est même
fondé, en 1906, un club de nageuses, *L'Ondine*,
sous la présidence de l'aimable Mme Thirion; vice-
présidente, Mme Saint-Ouen; secrétaire, Mme Mor-
tier; secrétaire adjoint, Mlle de Necker; archiviste,
Mme Ferrand; archiviste adjoint, Mme Pernot; trésorier, Mme Boulmer; trésorier adjoint, Mme Geoffroy.

(Un club sportif féminin, c'est une rareté, en
France !)

Des concours spéciaux accentuent ce mouvement.
Ils existaient depuis assez longtemps déjà ; mais
ils prennent une importance nouvelle, comptent plus
d'engagements, attirent plus de monde.

Ce fut à l'imitation d'une mode anglaise que des épreuves aquatiques « pour dames » se créèrent à Paris, il y a plus de vingt-cinq ans.

En France, et surtout à Paris, les concours organisés, même en hiver, depuis la création de grandes piscines chauffées, ont révélé des nageuses émérites.

Dans les établissements de bains pour dames, le nombre des nageuses est en forte proportion, plus de la moitié. Quelques-unes plongent à merveille et vont chercher au fond de l'eau des assiettes, des soucoupes et même de plus petits objets [1].

Parmi les établissements de bains sur la Seine, celui du pont Solférino a compté comme nageuses émérites, Mmes de Montgomery, A. Daudet, Ed. Pailleron, Madeleine Godard, etc.

Toutes les habituées de cet établissement prennent des leçons de natation. Quel plaisir et quelle émotion lorsqu'elles peuvent enfin affronter le « grand bain » et glisser au-dessus de quinze pieds d'eau !

Celles surtout qui sont sur le point d'aller aux bains de mer se hâtent de se perfectionner comme nageuses.

Après la saison de Deauville, de Dieppe, de

---

[1] Pour protéger leurs cheveux, les baigneuses portent des bonnets de caoutchouc ou des coiffures spéciales appelées « marmottes ».

Dinard ou d'autres plages à la mode, elles reviennent encore prendre quelques bains d'eau douce. C'est à ce propos que l'une d'elles disait un jour en riant : « Ma foi, il faut bien nous dessaler ! » Ce mot, dit avec une petite moue gentille, est resté légendaire dans les établissements à fond de bois.

Actuellement, celui que nous venons de citer compte parmi ses habituées, chaque saison, la vicomtesse de Bonnemain, Mme Benda, belle-mère de Mme Simone Le Bargy, Mme Thirion, etc...

Mme Richard, femme du directeur de l'établissement, est une nageuse de premier ordre.

N'oublions pas Mme Hofer, l'heureuse cantinière que la fortune favorisa lors du tirage de la loterie de la Presse.

Quand elle plonge, on est tenté de dire : « Un million qui tombe ! »

*
* *

En hiver, on sait que la natation ne chôme pas à Paris, grâce aux piscines. Là, un jour par semaine est exclusivement réservé aux dames.

Pour les leçons de natation, dont une dizaine suffit d'ordinaire, on emploie surtout le système classique qui consiste à soutenir l' « élève » par une corde attachée à une ceinture de sangle (munie d'anneaux) qui entoure la partie supérieure de la poitrine. Le haut de la corde est fixé à un petit appareil appelé familièrement « potence », près duquel se tiennent les maîtres baigneurs.

Vous voilà averties, Mesdemoiselles : vous serez « attachées à la potence »..... jusqu'à ce que vous puissiez évoluer comme des sirènes.

Avant d'être mise à cet appareil spécial, on fait répéter « à sec », debout ou assise sur un siège, les trois mouvements de la brasse. (La figure 29 en donne un exemple.)

Lorsque vous saurez bien exécuter ces trois mouvements dans l'eau, après avoir été attachée à la potence, on n'emploiera plus cet appareil désormais inutile ; mais on ne vous laissera d'abord évoluer qu'attachée à la ceinture par une longue corde tenue par le maître baigneur.

Puis on enlève la corde ; seulement le maître baigneur tient près de vous une longue perche, que vous pouvez saisir à la moindre fatigue, à la moindre défaillance (Fig. 33).

Enfin, vos preuves faites, on vous laisse évoluer sans toutes ces précautions.

L'emploi des ceintures de liège n'est pas considéré comme pratique pour apprendre à nager. Cet

Fig. 29. — La leçon « à sec ».
La débutante porte la coiffure dite « marmotte ».

Fig. 30. — On vous attachera à la « potence »; et, dans le « grand bain », vous exécuterez d'abord le premier mouvement de la brasse.

Fig. 31. — Deuxième mouvement de la brasse.

Fig. 32. — Troisième mouvement de la brasse.

Clichés Boisdon.

accessoire enlevé, il y a une sorte de désarroi chez la débutante.

Ajoutons qu'il est préférable de n'avoir pas commencé à apprendre à nager en mer, où les mouvements sont simplifiés en raison des vagues et du poids plus lourd de l'eau. Vous seriez déroutées en voulant nager ensuite en rivière.

* *
*

Très peu de nageuses parisiennes aiment à plonger en « piquant une tête ». En revanche, les plus fortes aiment beaucoup se réunir par groupe de cinq ou six et se jeter toutes ensemble à l'eau, les pieds en avant, toutes droites.

Elles s'amusent aussi à « faire le radeau », c'est-à-dire à nager ou plutôt à flotter à la suite les unes des autres, chacune s'appuyant des mains sur celle qui la précède, la première seule nageant à la fois des mains et des jambes.

La nage classique à la brasse et la nage sur le dos sont les plus pratiquées dans les établissements pour dames.

Quelques habituées cultivent la coupe parisienne.

La nage sur le côté, « à la marinière, » devient plus répandue.

Un des nouveaux genres de natation importés d'Amérique, le « trudgeon » ne convient guère aux femmes en raison des effets de force qu'il demande. Il n'est pas favorable à leur grâce et paraît trop dur pour elles.

L' « over arm stroke », qui permet également d'aller vite, leur conviendrait mieux; il commence à être pratiqué par des nageuses déjà expertes en d'autres procédés, telles que Mlle A. Sadoux, qui a gagné plusieurs épreuves importantes.

Aux concours de nageuses organisés dans les piscines ou en rivière, le programme est savamment varié et comprend des courses de vitesse, de résistance, de plongeon et de sauvetage.

Nous avons vu un de ces concours organisé, au mois de juillet, dans la Seine, près de Billancourt. L'épreuve était un peu gâtée au point de vue plastique, par l'essai d'un costume insubmersible en baudruche, qui donnait aux nageuses les mieux faites un petit aspect de baleines échouées.

D'autres concours ont paru plus séduisants à ce point de vue.

Dire toutes les lauréates des derniers concours, à Paris et en province, ce serait trop long ; d'ailleurs, beaucoup d'entre elles, trop modestes, ne laissent mettre que leurs prénoms sur le programme.

Labiche avait dit dans *Célimare le bien-aimé* : « Modeste comme tous les plongeurs ! » Les plongeuses leur rendent des points.

Les incidents comiques ne manquent point aux concours de nageuses. Quelques spectatrices, en toilette de ville, se laissent tomber à l'eau, comme par accident, après une petite bousculade..... simulée. Des cris d'angoisse s'échappent de tous côtés, mais bientôt on voit reparaître à la surface de l'eau les prétendues victimes qui, tout en nageant, enlèvent la robe légère recouvrant un costume de baigneuse.

Ce genre de plaisanterie est devenu d'ailleurs un peu banal..... au moins pour les habituées du Nouveau-Cirque.

A un point de vue plus sérieux, les expériences indiquées dans les concours de nageuses sont certes utiles et, il est bon de constater qu'un certain nombre de femmes ont accompli d'habiles et courageux sauvetages.

Rappelons, par exemple, que Mlle de La Gatinerie, devenue la comtesse André Mniszek, sauva deux enfants en pleine rivière, acte qui fut récompensé par une double médaille de sauvetage.

*
* *

Une femme a eu la hardiesse, en 1901 et 1902, de tenter à la nage la traversée de la Manche.

Elle voulait réussir là où Holbein et Holmes venaient d'échouer.

C'est une Viennoise, la baronne Walburga de Isacescu, veuve d'un Roumain. Sa hardiesse faillit bien être couronnée de succès. Du reste, Mme de Isacescu, qui est douée par la Nature d'une musculature remarquable, se maintient dans un état permanent d'entraînement parfait. Elle accomplit de très longs trajets dans les dangereux courants du Danube ; elle s'y ébat pendant de longues heures, en traînant derrière elle un petit sac de caoutchouc où ses vêtements sont renfermés.

Un de nos confrères du *Journal,* qui venait d'interviewer Mme de Isacescu, a donné les détails suivants sur les précautions qu'elle prend avant de tenter une épreuve d'importance.

La question capitale, dans une épreuve de longue durée, est d'empêcher la déperdition de la chaleur du corps. Dans ce but, les grands nageurs, à l'imitation de Webb, s'enduisent abondamment la peau d'huile de marsouin. Notre amie, Mme de Isacescu, elle, préfère le saindoux. Tous les goûts sont dans la nature. Les marins de Calais qui portèrent Webb dans une voiture, à la fin de sa tra-

Fig. 33. — Mesure de précaution pour une débutante, délivrée de la
« potence », mais accompagnée à la perche.

Fig. 34. — La nage sur le côté, à la « marinière ».

Fig. 35. — La « coupe ».

Dans les figures 30, 31, 32, 33, Mme Richard a joué le rôle d'une débutante, et a été attachée à la potence par son mari. En réalité, c'est une nageuse fort remarquable; dans les figures 35 et 36 elle nage à la coupe et à l'*over arm stroke*.

Fig. 36. — L'*over arm stroke* (premier mouvement).

Clichés Boisdon.

versée mémorable, déclarèrent qu'en touchant sa chair ils avaient cru poser leurs mains sur un bloc de suif glacé.

Certains champions comme Holbein et Mme de Isacescu, protègent leurs yeux contre l'action irritante de l'eau de mer en s'adaptant un masque ou des lunettes spéciales. Mais Webb n'était muni de rien de ce genre, et Holmes, lui aussi, a le visage et les yeux découverts toutes les fois qu'il nage en mer.

Mme de Isacescu se distingue plutôt par l'endurance, la résistance que par la vitesse.

Il nous reste à signaler les exploits de Miss Kellermann, de Mlle Frauendorfer, de Miss Herxheimer et de Mlles Cécile et Marthe Robert, qui ont pris part aux épreuves de la traversée de Paris à la nage.

Le 15 juillet 1906, parties du Pont National à 8 heures, Miss Kellermann (Australienne), et Mlle Frauendorfer (Autrichienne), sont arrivées en même temps au viaduc d'Auteuil à 11 h. 59′ 3″.

Elles avaient mis 3 h. 59′ 30″ pour accomplir un trajet de 11 kil. 620, à une vitesse moyenne de 2 kil. 905 à l'heure.

Elles ont été classées 7e et 8e après six concurrents du sexe fort.

Dans la même épreuve, Miss Herxheimer (Anglaise), a été classée 10e. Elle avait fait le trajet en 4 h. 58′.

Ces demoiselles concouraient comme professionnelles.

Mlles Cécile et Marthe Robert ont plus brillamment encore pris part à une autre épreuve où elles concouraient comme amateurs.

Elles sont ouvrières horlogères, mais filles d'un professeur de natation, qui enseigne son art sur les bords du lac de Neuchâtel; là, elles se sont distinguées de bonne heure.

A l'âge de seize ans, Mlle Marthe Robert a traversé le lac (7 kil. 600) en 3 h. 40'.

En 1905, elle recommença cette traversée avec sa sœur, et toutes deux firent le parcours en 2 h. 50'.

Un de nos confrères des *Sports*, auquel nous empruntons ces détails, ajoute :

« Depuis, elles ont fait des progrès considérables, s'entraînant quotidiennement, même en hiver, par les temps les plus froids, où elles se jettent à l'eau pour faire un 100 mètres à toute vitesse. »

Elles furent classées comme il suit dans la traversée de Paris à la nage pour amateurs, organisée le 29 juillet 1906, sous le patronage du *Journal* et des *Sports* (épreuve gagnée par le champion anglais Jarvis, de nouveau vainqueur en 1907).

Mlle Marthe Robert, qui avait alors seize ans et demi, fut classée 10e, ayant fait le trajet en

3 h. 20′ 1″ ; sa sœur Cécile fut 12ᵉ (3 h. 35′ 36″) (1).

Une Française, Mlle Marvingt, conquit la 15ᵉ place en 4 h. 11′ 25″. C'est la première de nos compatriotes ayant eu l'honneur d'accomplir une pareille traversée. Mme de Isacescu fut 17ᵉ en 5 h. 40′, ce qui constituait encore une performance certes remarquable comme fond sinon comme vitesse.

Et nous n'en demandons pas tant à nos aimables lectrices !

---

(1) Toutes deux ont pris part également à la traversée de Paris à la nage le 21 juillet 1907.

Elles nagèrent un peu moins vite qu'en 1906.

Dans l'épreuve entre professionnels organisée le 7 juillet 1907, une Anglaise, Miss Johnson, fit le même trajet en 3 h. 10′ ; mais le courant était sensiblement plus fort ce jour-là.

L'AVIRON

Comme la natation, le sport de l'aviron devrait faire partie de l'éducation des enfants des deux sexes de toute famille habitant près de l'eau.

Et, à l'époque des villégiatures, il mérite de recruter beaucoup d'autres adeptes, pour leur agrément.

Il peut être utile de savoir diriger un bateau, ne fût-ce que pour porter secours à une personne en danger.

De plus, l'art de ramer, le « rowing », permet de délicieuses promenades pendant la belle saison ; et nous ne chercherons pas à décrire tout le charme des excursions sur une jolie rivière le matin ou le soir d'un jour d'été.

Enfin, au point de vue gymnastique, ce sport forme un excellent exercice, qui vous convient parfaitement, Mesdemoiselles, à la condition, bien en-

Fig. 37.

Fig. 38.

Clichés Ed.Creué (Joinvile).

Fig. 37 et 38. — A l'aviron, en yole avec bancs à coulisses. — Mlles Renée, Élisa, Marie Pélissier.

tendu, de n'en pas faire à l'excès, et de ne point tenter, là non plus, de se transformer en « championnes » voulant battre des records.

Constatons, en passant, qu'en certains pays les tireuses d'aviron ne résistent pas à la tentation d'accomplir des prouesses, se groupant même par équipes, par « crews ».

Par exemple, en Danemark, un match d'aviron a été disputé assez récemment entre deux équipes fournies l'une par le Damernes Roklub (Club d'aviron des Dames) et l'Akademisk Roklub (Club d'aviron des Étudiantes). Distance : 1,000 mètres. Le team du Damernes Roklub a gagné la course à une surprenante vitesse.

Tout en nous inclinant devant l'exploit de ces dames, nous ne le proposons point en exemple à nos tireuses d'aviron françaises.

A celles-ci, nous recommanderons encore moins les allures et la tenue..... défectueuse d'un certain nombre de « canotières », qui ont rendu tant de fois le dimanche trop bruyant sur certaines petites « plages » de la Seine et de la Marne.

Lesdites canotières, lorsqu'elles évoluent sur l'eau, tiennent la barre plutôt qu'elles ne tirent l'aviron, généralement : c'est plus facile et de tout repos. Elles ont fait quelque tort à un sport, qui ne devait pas être rendu responsable des façons tout au moins exubérantes de certaines d'entre elles.

N'insistons pas, et occupons-nous plutôt de donner quelques conseils pratiques à nos aimables lectrices.

D'abord, qu'elles soient bien persuadées qu'il ne faut pas plus d'une dizaine de leçons, en moyenne, pour arriver à tirer convenablement l'aviron.

Il est tout indiqué, avant de pratiquer le rowing, que vous sachiez nager.

Certes, nous espérons bien que vous ne ferez pas de chute dans l'eau, d'autant plus que l'on vous donnera, surtout pour commencer, un bateau assez large, très stable, très « porteur » ; mais enfin, il faut songer à la possibilité d'un petit accident, d'une chute, d'un bain forcé ; et, ne fût-ce que pour avoir confiance, pour envisager sans appréhension une pareille éventualité, vous devez d'abord savoir nager.

Pour éviter des ampoules sur vos blanches mains, vous pourrez, au début, Mesdemoiselles, prendre de la vaseline. A dire vrai, le vulgaire suif est plus efficace ; mais nous n'osions pas en parler.

Au demeurant, vous n'avez qu'à ne pas faire durer trop longtemps les séances, les premières surtout. Puis vos mains s'y habitueront.

On vous donnera d'abord un bateau assez large
et à banc fixe.

Vous apprendrez alors à tirer l'aviron en couple,
c'est-à-dire une rame dans chaque main.

On vous expliquera d'abord les diverses phases
du coup d'aviron :

L'attaque ;

La passe dans l'eau ;

Le dégagé, le renvoi des mains et le retour sur
l'avant pour renouveler l'attaque.

Ces diverses phases que l'on décompose en
théorie, sont liées, en pratique, dans l'exécution,
où l'on doit éviter avec soin les « à-coups ».

Mettre autant de souplesse que possible, tâcher
d'agir dès le début, comme si c'était facile — et, en
effet, ce n'est pas bien difficile.

Si le coup a été bien attaqué, autrement dit si
les pelles des avirons ont été bien engagées dans
l'eau, on entend un bruit semblable au déchirement
d'une bande de toile.

L'attaque est-elle prématurée, autrement dit
si l'on a porté les épaules en arrière avant que
les pelles fussent engagées, on entend une sorte
de claquement, tel qu'un coup de battoir sur
l'eau.

Éviter un défaut grave et fréquent lorsque l'on

débute : c'est l'attaque en *sifflet* (l'entrée en biais dans l'eau de la pelle de l'aviron).

La *passe* dans l'eau doit être d'une grande régularité; et pendant toute sa durée, l'effort doit se continuer comme à l'attaque.

Pour le dégagé et le retour sur l'avant, il faut appuyer légèrement sur les poignées des avirons, allonger les bras tout en tournant légèrement les avirons par un petit mouvement des poignets afin d'amener les pelles à la position horizontale.

Les bras étant allongés dans toute leur longueur, le buste doit continuer ce mouvement sans trop dépasser la verticale; alors, par un second mouvement des poignets, les pelles reviennent à leur position normale, et l'on attaque de nouveau.

En principe, les pelles sont verticales dans l'eau et horizontales hors de l'eau.

Pour les *virages* on apprend à nager d'un aviron, et tantôt à « dénager », tantôt à « scier » (en anglais *hold water*, tenir l'eau) de l'autre [1]. Après avoir eu quelque difficulté à tourner d'abord même sur un espace assez large, on arrive à faire des virages sur place.

Lorsque vous commencerez à tirer régulièrement l'aviron en couple, il vous sera très facile de le tirer ensuite en pointe, c'est-à-dire les deux mains sur un seul aviron, votre professeur ou une autre per-

---

[1] En sciant, on peut dénager légèrement sans que la pelle sorte de l'eau.

Fig. 39. — A l'aviron *(suite)* : pour débarquer.

Fig. 40. — A la pagaie : Mlle Marie Pélissier, en « balladeuse » ; Mlles Renée et Élisa Pélissier, en canoë.

sonne ramant de compagnie avec vous. Cet aviron sera naturellement plus long que lorsque vous en tenez un de chaque main. Bien entendu, l'autre rameur, ou l'autre rameuse, doit faire concorder ses mouvements avec les vôtres et n'y mettre pas plus de force, autrement l'embarcation ne filerait pas droit.

Après les bateaux à bancs fixes, vous vous exercerez dans des bateaux à bancs à coulisses : là, au point de vue gymnastique, l'exercice est plus complet. (Il est bien entendu que vous savez nager.)

Lorsque vous tirez en couple dans ces embarcations, les avirons se croisent au lieu d'arriver bout à bout, comme dans les larges bateaux à bancs fixes.

Avec un peu d'exercice, vous vous y habituerez promptement.

Si vos progrès le permettent et si le cœur vous en dit, vous prendrez des bateaux plus fins qu'au début, sans faire d'imprudence, et sans chercher à accomplir des prouesses dignes des champions des régates.

En terminant, constatons que le sport de l'aviron — auquel nuisît quelque temps la bicyclette, moins cependant qu'on ne l'a dit — bénéficie d'un renouveau de vogue, justifié par son utilité et par son attrait spécial.

Dans les villégiatures des environs de Paris, il ne manque pas de jeunes filles et de femmes élégantes qui savent diriger le classique « bateau de famille » et aussi des embarcations plus légères.

Le canoë est le bateau à la mode. Il est assez cher, mais offre divers avantages. Il peut se diriger de trois façons : à l'aviron, à la pagaie, et quelquefois même à la voile.

De plus, il permet mieux de passer les remous, par exemple ceux de la Seine dans la traversée de Paris.

Étant cintré et très ponté à l'avant et à l'arrière, il supporte aisément la vague. On s'en sert pour de longs voyages, d'autant plus qu'il est facilement porté par deux personnes.

La « balladeuse », embarcation dont nous donnons un spécimen à la figure 40, se dirige à la pagaie. Elle va où il y a le moins d'eau ; et la forme de l'avant lui permet de passer parmi les roseaux.

Comme son nom le fait supposer, c'est une embarcation légère de promenade. Elle évoque les gondoles... loin du ciel de Venise !

LA PÊCHE

La pêche d'agrément est comptée d'ordinaire au nombre des sports; on peut l'admettre, car certaines pêches demandent beaucoup de force, d'agilité et d'adresse. La pêche à la ligne, elle-même, tant plaisantée, est à la fois un art et un sport. Seulement il y a pêcheurs et pêcheurs : les maladroits sont en forte majorité.

Je n'irai pas jusqu'à répéter, à leur intention, la définition célèbre : « Une ligne est un instrument terminé d'un côté par un imbécile et de l'autre par une bête ». Cette définition est d'autant plus inexacte que souvent il n'y a rien au bout de l'hameçon.

On peut dire du moins que beaucoup de pêcheurs à la ligne n'entendent presque rien à cet art, qui demande une pratique longue et raisonnée.

Savoir où va le poisson, où va telle espèce plutôt que telle autre, quel appât attire les uns et non les autres, quelle époque, quelle heure convient pour telle sorte de pêche, tout cela constitue une science et un art très compliqués..... plus difficile souvent que la chasse ; car il faut deviner là ce qui se passe au fond de l'eau, dans le « lit mystérieux » de la rivière.

Ces difficultés de la pêche, la science et l'adresse qu'elle demande justifient le goût très vif qu'elle inspire aux pêcheurs comme aux pêcheuses habiles.

On a dit, il est vrai, que la pêche à la ligne comportait beaucoup de patience, et que, par conséquent, elle ne convenait guère aux femmes.

En réalité, elle demande sans doute de la patience ; mais surtout pour ceux qui, ne s'y connaissant pas, restent des journées entières sans rien prendre.

Pour les autres, il n'en est pas ainsi. Puis, c'est un sport où il faut de la ruse, de la finesse.

Les pêcheuses ne manquent point, par exemple, sur les prés fleuris qui bordent la Seine et la Marne.

Si des passants ou des passagers narquois répètent sur tous les tons : « Eh bien, çà mord-il ? » elles font bonne contenance, et le moindre goujon qui frétille au bout de l'hameçon les a vite consolées.

D'aucunes finissent par avoir la passion de la

pêche, comme les vieux écumeurs de Marne ou de Seine, et, de même, rivalisent d'habileté avec eux.

Elles connaissent, comme eux, les habitudes du poisson, les bons endroits reconnus avec la sonde, les « falaises » chères aux carpes ou les remous fréquentés par les chevaines.

On sait d'ailleurs que dans ces concours de pêche qui ont pris une curieuse extension, nombre de pêcheuses viennent bravement s'aligner ; — le coup d'œil est amusant. — Dans un des premiers concours que nous avons vus, Mme Couraud, forte femme, prompte à riposter aux loustics, obtint le troisième prix, qui lui valut un revolver et un lapin !

*
* *

On a fait souvent la physiologie du pêcheur à la ligne. Celle de la pêcheuse est moins banale.

Certes, parmi les femmes qui, le jour de l'ouverture, braquent leurs lignes tout le long de la Seine, des types bien différents se rencontrent.

Il en est de tous les âges ; puis, il y a des pêcheuses improvisées à telle ou telle occasion.

Mais, d'une façon générale, la véritable pêcheuse offre ce caractère distinctif : c'est une femme d'intérieur, à la conscience pure.

En général, elle appartient à la petite bourgeoisie,

est petite rentière, retirée des affaires après fortune faite.

Calme dans son modeste ménage, la voici, en revanche, facilement nerveuse dès qu'elle pratique son sport favori.

Ne lui parlez pas, ne la troublez pas, ne troublez pas le poisson! Je plains le mari qui trempe du bouchon près d'elle, surtout si sa pêche est plus heureuse. Rien de tel que la pêche à la ligne pour amener la discorde entre les Philémon et Baucis des bords de rivière.

La pêche à la ligne ne compte pas seulement parmi ses fidèles de petites boutiquières en retraite.

Depuis quelques années surtout, elle devient à la mode dans les milieux mondains.

Avant d'insister sur ce point, je constate que plusieurs, parmi nos plus charmantes artistes, ont émaillé les berges de la Seine.

Je me rappelle que Mme Grisier-Montbazon faisait souvent des pêches abondantes près de l'écluse d'Asnières, au beau temps où ces parages étaient encore poissonneux.

Elle était d'ailleurs à bonne école et rencontrait

là des pêcheurs émérites, tels que le regretté professeur d'escrime Jacob, président de l'Académie d'armes. Jacob connaissait à merveille son fond de Seine, et excellait à « ferrer » le poisson d'un petit mouvement sec qu'un de ses élèves appelait « un contre de carpe ».

Mme Marguerite Ugalde est une fervente de la pêche.

Mme Tarride, *aliàs* Mlle Marthe Régnier, l'exquise « Josette » du Gymnase, est la terreur des poissons, à Bois-le-Roi.

Citons aussi Mme Segond-Weber; cependant il paraît que tout en trempant le bout de sa ligne dans les flots de la Marne, elle pense aux rôles de sa brillante carrière, ou se laisse aller à diverses rêveries plutôt qu'elle ne se préoccupe sérieusement de prendre du poisson.

Dans la pêche, elle voit surtout l'occasion de se reposer agréablement au frais, loin des tracas de Paris, et de réfléchir avec calme aux vicissitudes des choses de ce monde. Ce n'est point un cas isolé — et les poissons ne peuvent que s'en réjouir.

Plus redoutable pour eux est Mme Jeanne B..., plantureuse artiste qui fit gémir les planches du Châtelet.

Elle n'a guère de rivales pour captiver le poisson avec des appâts divers. Non seulement elle n'ignore pas la dextérité, la légèreté de poignet nécessaires pour que les secousses d'une belle pièce ne vous « cassent » pas ! Mais elle possède même ces qualités à un haut degré et le montre bien lorsqu'il s'agit de prendre un beau poisson. Elle sait qu'il faut le fatiguer avant de pouvoir l'amener dans l'épuisette (¹), sous peine de voir la ligne se briser.

On conte qu'un beau jour, une brème superbe, pesant je ne sais combien de livres, ayant entraîné en Marne la ligne de Mme Jeanne B..., la vaillante pêcheuse, doublée d'une nageuse émérite, sauta dans la Marne et repêcha la ligne et la brème après une poursuite épique sous le viaduc de Nogent.

Mais tout porte à croire que c'est une histoire de canotiers ou de pêcheurs, destinée à faire pendant à ces histoires de chasseurs, qui témoignent de plus d'imagination que d'amour de la vérité.

Dans les milieux mondains, il ne manque pas de jeunes filles et de femmes élégantes qui mettent la pêche au programme des plaisirs de leurs villé-

---

(1) L'épuisette est indispensable, dès que l'on pêche un poisson de quelque poids, à partir d'une demi-livre.

giatures; et ce mouvement s'accentue depuis quatre ou cinq ans.

Quelques-unes vont même jusqu'en Écosse et en Irlande pêcher la truite. C'est un peu loin, et, d'ailleurs, que de jolies vallées l'on trouve en France où l'on peut pratiquer ce sport !

La pêche à la truite à la mouche artificielle comporte de sérieuses difficultés.

A une grande souplesse de poignet, à une remarquable justesse de coup d'œil pour lancer l'appât avec précision à l'endroit voulu, il faut joindre une parfaite connaissance de la mouche à employer suivant les heures de la journée, et aussi selon le temps qu'il fait. Du reste, c'est une pêche si complexe qu'elle fait l'objet de livres spéciaux.

Elle forme un sport à la mode, parmi les grandes dames d'outre-Manche.

En France, on cite parmi nos pêcheuses mondaines, la duchesse d'Uzès, la comtesse de Bryas, la vicomtesse de Larochefoucauld, la baronne Roger, Mme Pierre Lebaudy, la comtesse de Fels, etc.

Une autre pêche « active » plus facile et très simple, pour prendre des brochets, se pratique avec l'engin spécial, dit « cuiller », en bateau.

Elle n'est pas autorisée partout.

*
* *

Les genres de pêche les plus ordinaires comporteraient eux-mêmes de nombreux détails qui ne rentrent pas dans le cadre de ce livre.

La pêche est un sujet trop complexe, pour que nous puissions le traiter en un chapitre.

Ajoutons simplement quelques indications générales à l'usage de nos aimables lectrices, au sujet de la pêche à la ligne flottante, et, en nous en tenant à la pêche sédentaire, qui peut se pratiquer soit au bord de l'eau, soit dans un bateau solidement immobilisé par des pieux.

Si l'on pêche dans une petite rivière, il n'est pas besoin de bateau ; autrement il est préférable de s'installer en bateau pour se mettre à 3 ou 4 mètres du bord, — ce qui vous dispensera d'avoir une gaule aussi longue et vous évitera aussi des fatigues.

La première précaution à prendre est de reconnaître le fond de la rivière au moyen de la sonde pour choisir une place où sur une dizaine de mètres carrés à peu près vous ayez un fond aussi égal que possible. Connaître le fond, c'est un point essentiel : beaucoup ignorent cela, ne pêchent pas à la profondeur voulue et s'étonnent de revenir si souvent bredouilles.

Sauf l'ablette, que vous rechercherez entre deux eaux, pêchez à fond les poissons que nous signalons à vos coups.

Pour le goujon, qu'il y ait même une légère traîne de 1 ou 2 centimètres, et, pour ce poisson, choisissez des fonds de $1^m,50$ à $2^m,50$.

Pour le gardon et le chevaine (ou chevaune), des fonds de 2 à $3^m,50$.

Dans les fonds de 4 à 5 mètres, ce sont les gros poissons que l'on pêche. Cela devient un sport plutôt masculin, nécessitant plus de patience, un amorçage compliqué, réitéré; il demande plus de tranquillité, exige une certaine force de poignet et peut amener une fatigue qui ne serait pas toujours de votre goût.

Cependant, un certain nombre de ferventes pratiquent ce sport avec d'excellents résultats.

Pour pêcher avec succès, il faut employer des amorces et des appâts bien choisis, variant selon les saisons et époques de l'année, suivant l'espèce de poisson que l'on veut prendre et aussi, selon les endroits où l'on pêche.

Les amorces ont pour but d'attirer et de réunir le poisson à l'endroit choisi, ou plutôt aux endroits choisis; car il est bon d'amorcer à plusieurs places à quelques distances les unes des autres [1].

Les appâts, qui se divisent en deux grandes catégories, appâts naturels et appâts artificiels [2], se placent ou s'accrochent à l'hameçon.

La plupart des éléments qui composent les amorces se mettent aussi à l'hameçon comme appâts.

Quant aux moments où l'on doit employer les amorces, cela varie.

Il en est que l'on met dès la veille au soir et le matin avant

---

(1) La capture d'un poisson qui s'est vivement débattu, ou sa fuite après une résistance couronnée de succès, peut éloigner au moins un instant ses congénères, troublés, effrayés. En attendant que le calme se rétablisse en cet endroit, on va pêcher un peu plus loin, à une autre place amorcée.

(2) Par exemple, des vers de terre, des grains de blé, forment des appâts naturels, tandis que des imitations d'insectes, diversement fabriquées, forment des appâts artificiels.

de commencer, puis de temps en temps, en rivière, — et avec lesquels on attire toute espèce de poissons.

D'autres se mettent une ou deux heures avant de pêcher, en rivière, sans que l'on ait besoin de renouveler la dose pendant la partie projetée, et conviennent plus spécialement à tel ou tel genre de poisson.

Il y aurait de nombreux détails à donner à ce sujet, en distinguant divers cas.

Quant aux éléments simples ou composés, car il y a de savants mélanges, — qui forment les diverses amorces, — nous chercherons d'autant moins à les énumérer que beaucoup d'entre eux pourraient répugner à nos aimables lectrices. Ils ne sont certes pas tous, Mesdemoiselles, d'un maniement seyant à vos blanches mains (1). Le poisson n'est pas toujours très délicat dans ses goûts, bien au contraire. J'hésite même à vous parler des vers de vase et des vulgaires asticots. Puis, vous ne pouvez guère pétrir des pelotes d'amorces.

Ce que je puis me permettre, à coup sûr, de vous recommander, c'est le blé cuit, le pain de chènevis, que vous trouverez tout prêt chez les marchands d'ustensiles de pêche, où il est appelé « noquette ». C'est encore le fromage de gruyère...

Et avec ces amorces, vous pouvez déjà prendre beaucoup de belles pièces.

L'espoir de rapporter un barbillon de six livres, grâce audit fromage, dont il est très friand, ne vous est point défendu.

Le grain de blé cuit attire le gardon, le chevaine, la brême, etc.

---

(1) Il est vrai que vous pouvez faire amorcer par d'autres personnes, par des mains masculines, qui, notamment, prépareront les pelotes de terre grasse que l'on triture avec des asticots, du blé cuit et du sang de bœuf caillé. (D'autres recettes spéciales, trop nombreuses, pourraient être indiquées.)

On jette ces pelotes en amont, à quelques mètres de l'endroit où l'on veut pêcher. Elles vont au fond, se désagrègent par l'action de l'eau, et les amorces entraînées par le courant attirent en foule les poissons.

La noquette est bonne pour les mêmes poissons.

Bornons là nos explications sur les amorces : en tout cas, le principe de la nécessité de tendre ce premier piège, préparatoire, est bien établi, n'est-ce pas, Mesdemoiselles ? Songez donc : si jolies que vous soyez, cela ne suffit pas à attirer le poisson, à le grouper aux alentours de votre ligne. Et, de même que les moineaux n'accourent auprès de vous que si vous leur jetez de la mie de pain, les poissons ne viennent se grouper à l'endroit choisi que si vous y avez jeté ou fait jeter assez abondamment les « friandises » indiquées.

*
* *

Cela dit sur la préparation de la pêche, arrivons à l'*exécution*, en prenant simplement, à titre d'exemples, quelques pêches faciles pour jeunes filles.

Vous voulez « taquiner » le goujon, ou plutôt faire mieux, le prendre bel et bien. Vous en voulez aussi aux ablettes.

Prenez une ligne montée sur crin léger. A propos des lignes, des hameçons, des cannes à pêche de divers genres, et de tous les engins accessoires employés par les pêcheurs, que d'explications il y aurait à donner, en distinguant un grand nombre de cas !

Pour le plombage des lignes, rappelons simplement que la flotte doit se tenir verticale dans l'eau et enfoncée des deux tiers ; on mettra donc autant de grains de plomb qu'il est nécessaire pour obtenir ce résultat.

Ayez deux et même trois hameçons à votre ligne pour l'ablette, deux pour le goujon ; quant au gardon, un seul.

Pour la façon d'accrocher les appâts, il faudrait aussi d'assez longs détails. A notre avis, pour le grain de blé, la pointe de l'hameçon doit légèrement dépasser (mais à peine, bien entendu). Le poisson se ferre ainsi beaucoup plus vite, et vous aurez moins de ratés.

La façon de ferrer peut varier non seulement suivant le genre de poisson, mais aussi selon le genre d'appât. Si c'est un ver de terre que l'on a accroché à l'hameçon, on laissera bien mordre avant de ferrer. Au blé, au pain, au sang caillé, il faut ferrer vivement dès que la plume s'enfonce.

Répétons, une dernière fois, que nous ne prétendons point faire une sorte de traité d'un sport aussi complexe.

Et revenons... à nos goujons.

Ils forment, vous le savez, une excellente friture. Puis c'est une pêche très facile. Ils mordent au petit ver de terreau ; et plus vous troublerez l'eau au moyen d'une perche, d'un rateau, plus le goujon viendra sur votre coup. En effet, il se nourrit de petits vers, d'animalcules, que l'agitation de l'eau fait remonter.

Par exception, c'est un poisson que le bruit n'effraie pas.

Si vous voulez une bonne place pour cette pêche, choisissez les abreuvoirs où viennent se baigner les chevaux et où le fond de l'eau est constamment troublé.

Le goujon se trouve ainsi tout amorcé. Il mord franchement après quelques secousses, puis entraîne vivement la flotte qui disparaît. Ferrer alors franchement par un petit mouvement sec du poignet (1).

Pour la pêche à l'ablette, on emploie les cannes les plus fines,

---

(1) Un genre de pêche amusant pour ce poisson se fait à l'aide d'une carafe spéciale, dite « à goujons » pouvant contenir plusieurs litres d'eau.

Le fond de ce récipient est renforcé en forme d'entonnoir avec un trou qui ne doit pas avoir plus de trois centimètres.

Fermer le goulot avec un bouchon au milieu duquel on pratique un petit trou où passera un tuyau de plume ou de pipe très mince destiné à maintenir ce trou ouvert afin d'établir un courant d'eau.

Mettre dans la carafe du son et un peu de pain de chènevis en proportion suffisante et la placer au fond de l'eau, le goulot contre le courant.

De la carafe s'échappe un peu d'eau mêlée de son et de pain qui sert d'amorce; le goujon entre par l'entonnoir dans le récipient. Il ne peut sortir, à cause des aspérités pratiquées sur les bords ou des pointes saillantes qui y ont été placées.

Lorsque le récipient est rempli, on le tire de l'eau, on ôte le bouchon, et après avoir enlevé es oissons, on remet dans l'eau la carafe ou « goujonnière comme pour les poissons du même genre ; on prend les plumes les plus légères, les plus minces. La flotte obéira au moindre toucher de l'ablette qui s'enfuit après avoir mordu très légèrement. On ferre rapidement, mais sans effort, d'un petit coup sec du poignet.

Un moyen très simple d'amorcer est de jeter toutes les dix minutes une poignée de son dans la rivière; vous verrez alors les ablettes abonder.

Ajoutons qu'elles sont très nombreuses dans les rivières peu profondes, mais ayant quelque courant.

*
* *

Pour la pêche au gardon, il est préférable d'avoir une ligne montée sur crin ; néanmoins, comme beaucoup de jeunes filles, de femmes, sont plutôt nerveuses à la pêche, on peut leur recommander de monter leurs lignes avec de la racine anglaise très fine et teintée.

On obtient, pour ainsi dire, d'aussi bons résultats. Et vous éviterez ainsi, Mesdemoiselles, la surprise désagréable d'« être cassées » par une belle brême ou par un chevaine.

Vous n'aurez pas l'ennui de remonter tout le bas de vos lignes plusieurs fois au courant d'une partie de pêche (1).

Rappelez-vous, d'autre part, que pour ne pas donner trop de prise aux efforts, aux secousses d'un poisson vigoureux qui se débat et cherche à briser la ligne, rappelez-vous qu'il faut remonter alors la canne dans une position demi-verticale, pour éviter qu'il y ait tension directe Il faut qu'il y ait de la flexibilité, du balancement, que le scion (2) se courbe sans arrêt brusque.

Au sujet du gardon, ajoutons qu'il demande une amorce sérieuse.

______

(1) Les fanatiques de la pêche préfèrent « être cassés », remonter leurs lignes, et avoir l'immense joie d'amener sur un simple crin, grâce à la dextérité de leur poignet, un poisson d'une livre dans l'épuisette.

(2) Scion : partie la plus légère, à l'extrémité d'une canne à pêche.

Il est fort défiant, frôle à peine l'appât et le quitte dès qu'il sent de la résistance.

Il faut donc suivre du bras le mouvement de la flotte (qui doit être très légère), sans bouger le corps, en évitant de faire sentir de la résistance au poisson, que l'on prend ainsi et que l'on doit ferrer rapidement.

Le grain de blé (cuit) forme en juin, juillet et août un excellent appât pour le gardon.

*
* *

Quelques détails sur la pêche à la tanche, poisson qui habite surtout les lacs et les étangs ; les eaux dormantes lui conviennent, et comme il vit très bien sur les fonds vaseux, on le trouve dans des fossés, dans de petits étangs ou serves. Aussi y a-t-il là une ressource pour les pêcheurs et les pêcheuses se trouvant dans une propriété rurale éloignée d'un cours d'eau.

Ajoutons que l'on peut le nourrir dans des viviers ou de petits réservoirs.

Pour ferrer la tanche, il vaut mieux attendre que le bouchon disparaisse sous l'eau : donner alors un bon coup de poignet, et ramener la tanche que l'on prend dans l'épuisette. En rivière, il ne faudrait pas essayer de prendre les tanches à l'hameçon, car elles mordent très rarement.

De même, en rivière, la carpe offre de sérieuses difficultés, tandis qu'en étang, vous la prendrez plus aisément.

Pêchez la tanche et la carpe au ver rouge ou au pain. Il est utile d'avoir amorcé la place dès la veille au soir avec du blé, des fèves cuites ou du pain de chènevis.

Avec le pain, pêchez à 2 ou 3 centimètres du fond ; avec le ver, on pêchera à fond et même avec une traîne de 3 à 4 centimètres.

*
* *

Dans les rivières où se trouvent de gros chevaines, une pêche fort amusante est celle qui se fait, suivant la saison, avec des cerises ou des grains de raisin (mis à l'hameçon de la même façon que le grain de blé).

Il faut se monter très fortement, — avoir fait amorcer avec des boules, — pêcher à 5 centimètres du fond, — et ferrer sitôt que la plume s'enfonce.

Tous les quarts d'heure, jetez quelques cerises ou grains de raisin pour entretenir l'amorce.

La pêche au barbillon avec du fromage de gruyère (on met à l'hameçon de petits morceaux de la grosseur d'une noisette) est également à signaler.

**

N'oublions pas la pêche au poisson d'étain qui convient très bien aux jeunes filles. Dans les rivières où il y a beaucoup de perches, elle est fort amusante. Elle se pratique surtout dans l'arrière-saison, en bateau fixe ou au bord de l'eau.

**

Les mois où la pêche est le plus fructueuse et où il est le plus agréable de cultiver ce sport sont précisément ceux de la saison des villégiatures : juillet, août et septembre.

Mais, par les fortes chaleurs, il faut être très matinales Mesdemoiselles, si vous voulez prendre du poisson, ou bien alors vous devrez attendre les heures précédant le coucher du soleil (1). Le reste de la journée, les poissons cherchent les recoins les plus frais, font la sieste, si j'ose m'exprimer ainsi — à moins qu'il n'y ait de l'orage, auquel cas ils ont leurs nerfs et mordent toute la journée.

---

(1) Les vrais amateurs commencent alors à pêcher vers 4 h. 1/2, interrompent à 9 heures et recommencent vers 4 heures.

***

Il nous reste à dire que la pêche au filet ne vous convient point, Mesdemoiselles : elle demande trop de force, et c'est surtout l'affaire des pêcheurs de profession.

Quant aux pêches « de plage », comme celles aux crevettes et aux équilles, elles ne conviennent guère qu'à vos petites sœurs, ne craignant point d'endommager leurs jolis bras ni d'offrir leurs jambes au hâle de la brise marine.

LA BICYCLETTE

Mesdames, Mesdemoiselles,

Je commence ce chapitre comme une confé-
rence. Mais, rassurez-vous — d'ailleurs, vous en
seriez quittes pour ne pas me lire — je n'ai point
l'intention de risquer des développements oiseux
sur les avantages du sport vélocipédique, sur les
mérites comparés de la jupe ou de la culotte, etc.

Le préambule du chapitre sur la bicyclette doit
tenir en quelques lignes.

D'abord, cette agréable constatation, que la
« petite reine » compte toujours parmi vous beaucoup de ferventes.

Et, pourrait-il en être autrement, si l'on considère à la fois la facilité d'apprendre, de pratiquer
le sport vélocipédique, et les avantages qu'il pro-
cure, permettant des excursions assez longues et

encore plus hygiéniques, amenant à se lever de bon matin pour aller respirer à pleins poumons un air frais et pur. Voilà un remède efficace pour donner même à des neurasthéniques, le goût, la joie de vivre, grâce à une heureuse diversion et à une excellente cure d'oxygène.

Quant au costume, surtout avec les bicyclettes de dames, qui se font depuis quelques années, la jupe l'emporte décidément. Elle est seyante pour toute jeune fille, pour toute femme, quelle que soit la conformation de celle-ci. De plus, elle offre l'avantage pratique de ne pas obliger à un changement de costume qui s'imposerait plus ou moins en mainte occasion, au cours ou à la fin d'une promenade, si l'on portait une culotte. Par exemple, veut-on rendre une visite, ou simplement entrer dans un grand café, dans un grand restaurant, en ville ; veut-on terminer le trajet en chemin de fer ou revenir par ce moyen de locomotion ? La jupe se prête mieux à ces diverses circonstances.

*
* *

A Paris, surtout, je sais bien, la bicyclette est moins « chic » qu'autrefois.

La vogue de l'automobile lui a nui.

Puis l'abaissement du prix des machines, ayant forcément démocratisé le sport vélocipédique, a contribué à lui enlever une partie « select » de sa clientèle.

Où sont les temps où des cyclistes aussi élégantes que nombreuses sillonnaient les allées du Bois ?

La Reine Bicyclette, détrônée comme mainte autre souveraine, bénéficiera-t-elle d'une Restauration et retrouvera-t-elle de fidèles sujettes, même dans le monde « smart » ?

En dehors de toute question de mode, il faut reconnaître que le nombre et la vitesse des automobiles, que l'on croise au Bois et aux alentours, peuvent inquiéter beaucoup de cyclistes des deux sexes.

Pédaler en famille, avec femme et enfants, devient moins tentant en des endroits où il faut avoir l'attention aussi en éveil.

Et cela doit préoccuper plus que la question de savoir si la bicyclette est « chic » ou non.

En province, sauf sur les routes, les voies particulièrement fréquentées par les autos, les mêmes appréhensions n'ont plus leur raison d'être.

Et un peu partout, nous le répétons, la bicyclette a gardé beaucoup de fidèles.

Des Parisiennes même qui laissent leur bécane au rancart tant qu'elles sont à Paris, la retrouvent avec joie une fois en villégiature.

Avant de partir, elles vont parfois s'entraîner dans le manège qui fut le théâtre de leurs premiers débuts vélocipédiques. Elles y conduisent aussi leurs enfants, et l'on voit des garçonnets, de ravissantes fillettes de six ans, et même moins, — ce qui est un peu excessif — montrer une précoce assurance sur de minuscules bicyclettes à leur usage.

Les professeurs estiment qu'à six ans les enfants peuvent commencer à monter.

(Quant à la limite d'âge, on me dit, dans un manège, avoir mis en selle une débutante de soixante ans, et un novice de soixante-quinze ans.)

Fillettes et garçonnets apprennent rapidement.

Pour les jeunes filles, les femmes, il faut en moyenne une douzaine de séances. (Le prix se traite d'ordinaire à forfait, qu'il faille plus ou moins de leçons.)

Si l'on a des dispositions, on arrive en quelques séances à évoluer toute seule dans le manège ; mais même alors, on ne vous délivre pas tout de suite votre *exeat*, autrement dit, on ne vous déclare pas encore : « Vous pouvez sortir, circuler à bicyclette dans Paris ».

Fig. 41. — Une famille américaine (famille van Wanamaker), où le goût de la bicyclette et du tricycle n'attend pas le nombre des années.

Cliché Delton.

Il faut quelques séances complémentaires pour achever de vous donner de la sûreté, de la facilité dans la façon de diriger votre bécane, d'augmenter et de ralentir l'allure, de tourner, d'arrêter, de descendre.

En somme, le nombre des leçons, la durée du stage varie suivant les aptitudes..... et le sang-froid ou la nervosité de l'élève.

*
* *

Principes généraux pour apprendre à monter à bicyclette :

N'être pas trop nerveuse, mettre dans les mouvements autant de souplesse que possible, tâcher de faire cela comme si c'était très facile ; cela devient tel.

Dans les premières leçons, on donne à l'élève une ceinture en cuir épais, munie d'une boucle spéciale par où le professeur puisse la tenir.

Le professeur, restant à pied et tenant l'élève par cette boucle, lui apprend à manier le guidon pour se diriger, pour se maintenir en équilibre, puis à appuyer sur les pédales tout en maniant le guidon.

L'élève doit agir sur les pédales sans trop engager le pied et en tenant la pointe aussi élevée et le talon aussi bas que possible, pour avoir plus d'appui et de sûreté, — surtout au début.

Lorsque le professeur voit que la débutante commence à manier le guidon avec aisance, à se bien diriger, non seulement en ligne droite, mais aussi aux tournants, aux virages, en gardant bien l'équilibre, il lâche la boucle, — sans prévenir l'élève, pour ne pas lui enlever la confiance que lui donne la croyance d'être tenue par la ceinture.

Il le lui dit *après* qu'elle vient d'aller à bicyclette toute seule.

Il remet la main à la boucle, et au besoin soutient l'élève par un bras, par les épaules, s'il voit qu'elle perd l'équilibre.

Les progrès continuant, la débutante fait un tour de manège, sans être tenue par la boucle, puis plusieurs tours, tandis que le professeur la suit au pas gymnastique, prêt à la soutenir.

Dans les leçons suivantes, il accompagne l'élève en se tenant lui-même à bicyclette, et en prenant d'abord d'une main le guidon de son élève, tandis qu'il se dirige de l'autre main.

De temps en temps, il lâche le guidon de son élève qui achève de prendre confiance en elle-même.

Bientôt elle évolue toute seule dans le manège.

*
* *

Lorsque les professeurs vous déclarent capable de vous promener au dehors, ils vous recommandent, bien entendu, la prudence, le calme, le sang-froid, et ils ajoutent : « Les premières fois que vous rencontrerez une voiture, habituez-vous à ne pas la fixer. Regardez plutôt le côté de la route ou de la rue que vous devez suivre. »

Il ne faut pas qu'il y ait « attraction » de la bicyclette vers la voiture !

On s'habitue vite d'ailleurs, à circuler aisément, sans accroc.

*
* *

Très connues sont les prouesses que peut exécuter une femme à bicyclette.

Nous ne conseillons nullement à nos lectrices de chercher à battre des records de vitesse ou de fond.

Pas d'allure excessive et pas de courses trop longues, trop fatigantes.

En fait d'exploits féminins, rappelons que des courses de femmes furent quelque temps à la mode dans les vélodromes, et que des professionnelles rivalisèrent même avec des coureurs.

Dans les music-halls, on sait quels miracles d'équilibre accomplissent des familles de cyclistes acrobates, femmes et enfants compris, évoluant sur des pistes minuscules.

Le genre « casse-cou » a valu une notoriété spéciale à Mlle Hélène Dutrieu, entre autres, la créatrice du fameux exercice dit : « La Flèche Humaine » (1).

Voilà qui ne rentre pas du tout dans « l'éducation physique et sportive des jeunes filles ».

---

(1) Rappelons comment cet exercice était exécuté à l'Olympia. On l'a décrit ainsi :

« L'appareil se compose d'une piste descendant à pic pendant trente mètres, se relevant dans le bas comme pour décrire un V, puis coupée court. A quinze mètres de là, une plate-forme se continuant en pente douce aboutit à une sangle à laquelle sont attachés deux sacs de sable.

« Attention ! A peine ai-je le temps de lever la tête que j'aperçois une forme blanche dévalant sur une bicyclette, remontant un peu et telle une flèche humaine, droite et d'aplomb sur sa machine, l'intrépide et toute gracieuse cycliste franchit le vide en un bond formidable ; puis, retombant sur la seconde plate-forme, va s'arrêter au bas de la pente. Le tour complet a duré 4 secondes. »

Fig. 42. — Mlles Boisdon.

Cliché Boisdon.

TROISIÈME PARTIE

(Sports de Luxe) [1]

L'ÉQUITATION

LA CHASSE A COURRE

LA CHASSE A TIR

LE TIR AU PISTOLET

L'ESCRIME

L'AUTOMOBILE

---

(1) Nous rangeons dans cette catégorie le tir au pistolet, non qu'il soit coûteux, mais en raison de son genre.

A ce sport et à l'escrime nous consacrons des chapitres assez longs, par suite de la partie anecdotique qu'ils comportent.

Ce n'est pas que nous voulions leur attribuer, dans ce livre, une importance disproportionnée avec celle des autres sports de. la 3e partie.

L'ÉQUITATION

Malgré la vogue de plusieurs autres sports, les temps ne sont pas encore venus où l'on cessera de voir, dans les allées du Bois, d'élégantes silhouettes d'amazones. Au contraire, depuis deux ou trois ans, elles sont devenues encore plus nombreuses.

A cheval, une jolie femme paraît doublement gracieuse et séduisante, pour peu qu'elle manie avec aisance une monture bien assouplie, bien « mise »..

Le costume d'amazone — complété par le petit chapeau qui a remplacé l'ancien haut de forme — est d'une élégance spéciale, a son cachet particulier.

En amazone, une jeune fille, une femme gouvernant avec adresse une bête de race, prend tout de suite grand air, évoque des héroïnes de « roman mondain ».

Longtemps il fut même impossible de s'imaginer une héroïne qui ne sût parfaitement monter à cheval.

L'école naturaliste demanda sans doute moins de science équestre aux femmes dont elle dépeignit les mœurs.

Mais beaucoup de romans perdraient quelques-unes de leurs plus belles scènes si leurs héroïnes n'étaient de parfaites amazones.

Toute littérature à part, à un point de vue moins romanesque et très pratique, quel exercice plus sain pour une femme, quel excellent moyen de fortifier sa santé, comme de donner à son esprit de la fermeté, du sang-froid et du courage ?

« L'équitation rend brave » ou développe cette qualité ; c'est un axiome de manège. Elle enhardit dans le meilleur sens du mot.

Et quelle distraction plus agréable, lorsque l'amazone sait bien diriger, maîtriser son cheval, le transformer en un serviteur obéissant et doux, ou plutôt en un véritable compagnon et presque un ami ?

Un ami d'espèce inférieure — mais dont on ne suspecte pas la fidélité, et dont la perte arrive à causer de profonds regrets.

Ce sentiment spécial que l'homme éprouve pour

le « noble coursier », devenu son compagnon, est bien connu aussi des véritables amazones.

*
* *

Si l'on tentait d'établir la longue liste des principales amazones de tous pays, il faudrait mettre en tête toutes les souveraines, toutes les princesses des maisons impériales et royales : on ne les imagine point ne sachant pas monter à cheval... d'autant plus qu'elles sont parfois colonelles d'un régiment de cavalerie.

A Paris, parmi les « femmes de cheval » les plus connues, citons celles qui ont pris part aux brillantes reprises de haute école de la société « L'Étrier » : la comtesse de Cossé-Brissac, Mme Aumont, la marquise et Mlle de Movellan, la comtesse de Failly, Mme Oesinger, Mme Vlasto, Mme Sargenton, Mme de Saint-Léger, Mme G. Hector, Mme et Mlle Rodocanachi, Mlle Angulo, Mlle de Saint-Amant, etc.

Parmi les élégantes amazones du Bois, citons également : la princesse de Tarente, la duchesse de Brissac, la princesse Murat, la duchesse d'Uzès, la duchesse d'Elchingen, la marquise de Castellane, la comtesse de Mirabeau-Martel, qui a rendu célèbre le pseudonyme de Gyp, Mme Jean Stern, la comtesse Jean de Castellane, Mme Ridgway, la marquise de Pracomtal, Mlle de Malakoff, Mlle de Choiseul, Mme E. Delagarde, Mme Pierre Lebaudy, Mme du Souzy, la baronne de Sancy de Rolland, Mme Froment-Meurice, la comtesse de Griffon-Sénéjac, Mme Leganville, Mme Fischoff, Mme de Parseval, Mme Desprez, Mme Andrieu, la baronne de Balorre, Mlle Kousnetzoff, la comtesse Werlé, la comtesse de Ganay, Mlle Lejeune, la comtesse de Murat, Mlle Aschkevasy, Mlle de Laborde, Mme Georges Hugo, la baronne Narducci, la comtesse Pillet-Will, Mme Lecomte, Mme de La Fauconnerie, la princesse d'Isenburg, la comtesse Reille, Mme Kulp, la comtesse du Luart, Mlle Gould, Mlle Ternaux-Compans, Mlle de Lesseps, Mlle d'Aunay, Mme Busson-Billault, la comtesse de Bérulle, Mlle de Maupeou, Mlle Desnos, Mme Gagneur, la comtesse Edouard de Fitz-James, la comtesse de Tanlay, Mme Davilliers, la princesse Wolkonska, la comtesse de Durfort, la baronne de Neuflize, Mlle Juliette Dietz-Monnin, la vicomtesse de Savigny-Moncorps, Mme Dollfus, Mme Bouteiller, Mlle Fould, Mlle de Beaucorps, Mme G. Mahler, etc., etc.

Cliché D olten.

Fig. 44. — Mlle Ketty Hensman.

Sur les principales questions intéressant l'équitation féminine, nous avons la bonne fortune de publier la lettre suivante de M. Molier.

Nous exprimons de nouveau au renommé sportsman toute notre reconnaissance pour le document sportif qu'il a eu la gracieuseté de détacher d'un livre en préparation, — en résumant diverses idées qu'il doit développer dans cet ouvrage.

« Cher Monsieur et Ami,

« Vous avez bien voulu me demander quelques renseignements sur l'équitation des femmes : quel est le meilleur système à employer pour leur apprendre à monter en amazone en un temps relativement court ? Ce que je pense des femmes montant en homme, c'est-à-dire à califourchon ?

« Pour procéder par ordre, je répondrai d'abord à votre première question. Mais, comme votre intention n'est certainement pas de me demander un traité complet d'équitation, je vais tâcher, le plus brièvement possible, de vous satisfaire.

« Les trois principales conditions pour obtenir un bon résultat, conditions essentielles, sont :

« 1° Un professeur expérimenté et excessivement prudent ;

« 2° Un cheval très doux, incapable d'aucune malice, pas trop jeune, bien sellé, bien bridé ;

« 3° Une élève jeune, mince et vigoureuse — qualités essentielles pour entreprendre n'importe quel exercice sportif.

« Le professeur expérimenté dont je viens de vous montrer la nécessité, devra procéder graduellement, par leçons très courtes, afin de donner de la confiance à son élève et, pour cela, éviter pendant ces premières leçons, tout accident et même le moindre accroc qui pourraient retirer pour toujours le courage à son élève. En somme, la première leçon consistera à apprendre à la débutante à monter sur son cheval, avec l'aide de l'homme, à s'asseoir et à s'installer sur la selle. Plusieurs leçons peut-être seront nécessaires pour obtenir ce résultat, qui n'est pas sans difficulté, la position de la femme à cheval étant beaucoup plus compliquée, beaucoup plus instable que celle de l'homme à califourchon.

« Voyons donc, en détail, cette position de l'amazone :

« Assise d'abord de travers sur la selle, elle doit fixer ses jambes dans deux crochets placés à gauche de ladite selle. Comme, dans cette position, les jambes pendent du côté gauche du cheval, entraînant l'assiette et le bassin à gauche, il faut que, par un effort, une contraction du torse, la femme tourne le haut du buste à droite de façon à ce que ses deux épaules, comme celles du cavalier, se trouvent parallèles aux hanches et aux épaules du cheval. Une fois le buste ainsi placé, il s'agira d'allonger la jambe gauche de façon à ce que le pied vienne chausser l'étrier et y reposer naturellement.

« D'après cette description abrégée, vous voyez

13

combien paraît fausse la position de l'amazone. Je dois dire cependant que la femme, ainsi accrochée, arrive à être très solide, presque indécrochable et, chose plus étonnante encore, cette position contournée, pénible même, arrive à donner un aspect très gracieux à celle qui en a la pratique. En somme, c'est la femme en amazone.

« Lorsque la femme aura l'habitude de monter et de s'installer sur sa selle, il faudra lui mettre en mains rênes et cravache. Comme pour l'homme, le maniement des rênes doit être fait par les mains et par les bras qui, eux-mêmes doivent être très indépendants du corps. Rien donc de particulier dans l'enseignement du maniement de la bride pour l'équitation féminine. Mais là où est le côté bien particulier à l'éducation des femmes, c'est dans le maniement de la jambe et de la cravache. La femme n'ayant à sa disposition que la jambe gauche agissant sur le flanc gauche du cheval, c'est la cravache, tenue dans la main droite, qui doit remplacer la jambe droite, et la remplacer complètement, de façon à obtenir, sur le flanc droit, des effets semblables à ceux que la jambe gauche obtient sur le flanc gauche. Vous le voyez donc, dans l'équitation en amazone, la cravache est bien plutôt une aide, une seconde jambe, qu'un instrument de correction.

« A la seconde leçon, à la troisième, à la quatrième même, le professeur, menant son élève au pas, devra l'habituer à se servir de sa main, de sa jambe, de sa cravache. Il exigera d'elle une bonne position et ne la portera jamais aux allures vives avant qu'elle soit capable d'exécuter, avec une grande facilité, les mouvements les plus simples de manège, tels que : départ en avant, temps d'arrêt, reculé, cercle, changement de main, volte, demi-volte, etc...

« Lorsqu'au bout de quelques leçons, plus ou moins nombreuses selon la facilité des moyens de l'élève, il se trouvera satisfait de l'assiette et de la direction, il pourra commencer à la faire aller *au petit trot sur un cheval sans réactions.* J'insiste sur ces deux points et je m'explique : la femme, je vous l'ai dit, a une fausse position à cheval; d'un autre côté, j'ai entendu dire qu'elle avait, dans sa constitution, quelque chose de plus compliqué et de plus délicat que dans la nôtre : on l'exposerait donc à toutes sortes d'inconvénients plus ou moins graves en la faisant trotter un certain temps à la française sur un cheval, même très doux d'allures. Comme, d'un autre côté, il est impossible d'obtenir de la solidité chez un cavalier, quel qu'il soit, sans le faire trotter à la française, voilà, à mon avis, une des grandes difficultés pour celui qui entreprend de mettre une jeune fille à cheval. Il lui faudra donc beaucoup de tact et beaucoup d'habitude dans le choix de son cheval, dans la durée de ses leçons au trot à la française ; avec une grande habitude même, il pourra les supprimer presque et mettre rapidement son élève à l'anglaise, se réservant d'achever de lui donner de l'aplomb par le galop et surtout par le saut ; car, avec le saut, vous enlevez toute raideur, toute contraction inutile, et vous donnez grande confiance. Le saut, en effet, a cet avantage sur le trot à la française, qu'il est un mouvement en avant, au lieu que le trot est un mouvement presque sur place avec des effets perpendiculaires dont les secousses répétées sont brutales et capables d'ébranler des organes délicats comme ceux de la femme ; ils sont aussi néfastes au cœur qu'aux intestins.

« Lorsqu'une jeune fille possède les éléments d'équitation par les exercices gradués dont j'ai parlé plus haut, il faut, le plus tôt possible, arrêter les leçons au manège et la mener dehors. C'est à la promenade qu'elle finira de prendre son aisance et sa facilité ; physiquement aussi elle s'en trouvera mieux, car, non seulement elle aura le bénéfice du plein air, mais son cheval, dont les allures ne seront plus restreintes par l'espace raccourci du manège, lui semblera beaucoup plus souple et beaucoup plus élastique. Elle se sentira mieux portée par lui, et éprouvera dehors un bien-être dont elle n'aurait pu se rendre compte au manège.

« Il est donc possible à un bon professeur, enseignant une élève ayant quelques moyens, de mettre une femme à cheval en très peu de leçons : dix ou douze, si vous voulez. Il est bien entendu que je parle d'adapter une femme sur un cheval, simplement, et non pas de faire une écuyère. D'ailleurs, une écuyère comme je l'entends — aussi bien qu'un écuyer — n'est digne de porter ce nom que lorsqu'elle a fait, depuis son enfance, un très long apprentissage de ce métier difficile.

« Excusez-moi, cher Monsieur, de ne pas m'étendre plus longuement : cela nous entraînerait trop loin.

« Passons à votre seconde question : Que puis-je bien penser de la femme à califourchon ?

« Plus que personne je puis avoir une opinion sur ce genre spécial d'équitation, car, sans remonter aux amazones de l'antiquité ni à Jeanne d'Arc, je crois avoir été un des premiers, sinon le premier, à avoir mis une femme à califourchon sur un cheval. Cela ne date pas d'hier, mais d'il y a vingt-sept ans ! Mon élève ne fut pas une simple commençante ; j'en fis une écuyère de cirque qui fut engagée et parut dans les grands établissements de France, de Russie, d'Espagne, etc... Elle présentait à califourchon un cheval de haute école qui finissait son travail par des sauts de Versailles et des lançades. C'est vous dire que j'avais eu la chance de produire une artiste. Depuis — vous le savez mieux que personne, ayant, dans vos écrits, prodigué en maintes occasions vos précieux encouragements à mes élèves, avec une amabilité dont je vous serai toujours reconnaissant — j'ai présenté, dans mon cirque, plusieurs jeunes filles à califourchon; elles ont même été, elles aussi, engagées à Paris, à l'étranger, dans les cirques et dans les music-halls.

« Une chose me prouve que ce genre d'équitation a eu un certain succès : le nombre des imitatrices que j'ai eues depuis plus de vingt-cinq ans. On a vu, dès lors, en tous les cirques, des femmes monter à califourchon. Un certain costume de Saumur, très seyant du reste, porté par une de mes élèves en 1880, a fait, on peut le dire, le tour du monde : on ne voyait partout que des femmes en Saumur.

« Après tout cela, vous vous figurez peut-être que je suis un admirateur de la femme à califourchon?

« Eh bien, détrompez-vous! Je ne trouve rien de plus laid ni de plus disgracieux.

« Mais, expliquons-nous pour que mes actes ne semblent pas en contradiction avec mes paroles.

« Si j'ai mis des femmes en hommes, c'est pour faire une variété dans le travail de mes écuyères et leur faire exécuter une manière de tour de force en public.

« Voilà quel a été mon but, mon seul but; et ces élèves, que j'avais éduquées avec un si grand soin pour le cirque, je me serais bien gardé de les envoyer promener à califourchon au Bois, ne voulant pas les rendre ridicules et les exposer par leur posture grotesque à la risée des promeneurs.

« Telle est, cher Monsieur, et en toute franchise, mon opinion. Peut-être est-elle un peu brutale, mais tant pis ! c'est un homme de cheval qui vous parle et à qui vous auriez dû prêter votre plume souple et habile pour exprimer sa pensée.

« Pour en finir sur l'équitation de la femme à califourchon, permettez-moi de vous faire une petite confession, confession qui ne vous étonnera pas à titre d'ancien camarade : je suis un fervent admirateur de la grâce féminine; aussi je ne puis supporter la femme qui se donne des allures masculines. Je dois dire même que, pour moi, chaque fois qu'elle se fait homme d'une manière quelconque, je la renie complètement, et la grande attraction que j'ai pour son sexe se transforme en répulsion. Ainsi, pas plus de femmes à califourchon que de femmes députés, notaires, avoués, cochères, etc...

« Veuillez agréer, cher Monsieur et Ami, l'expression des meilleurs sentiments de votre dévoué.

« E. MOLIER. »

Cliché Delton.

Fig. 44. — Départ d'amazones pour la chasse à courre. (Équipage de Gramont.)

LA CHASSE

Chaque époque a compté des chasseresses célèbres, à commencer par Diane, la farouche déesse.

Dans l'antiquité, on cite nombre de princesses passionnées pour la chasse, et s'attaquant même aux bêtes féroces, le javelot ou l'épieu à la main.

Au moyen âge, les hautes et puissantes dames affrontent également ces chasses dangereuses.

Mais, peu à peu, les mœurs s'adoucissent…. relativement.

Les « douces châtelaines » recherchent des plaisirs plus tranquilles ; on crée un genre de chasse à l'usage des « dames et damoiselles », l'art de l'oisellerie ou de la fauconnerie se fonde, et l'on voit de belles chasseresses chevaucher lentement, accompagnées de leurs pages et de leurs varlets, le faucon au poing.

Il est curieux de voir à ce propos qu'un vieil

auteur, Gace de la Vigne, dans un poème sur les « Déduicts » de la chasse, qui ne compte pas moins de 10.000 vers, vante particulièrement la fauconnerie, « parce que les dames peuvent porter l'épervier sans donner lieu à la médisance et prendre part à tous les divertissements de la volerie, au lieu qu'à chasse à courre, elles ne peuvent honnêtement aller, au plus que bien accompagnées de leur suite, dans des routes larges et bien alignées ».

Mais en même temps que la fauconnerie, la véritable vénerie comptait toujours nombre d'amateurs du beau sexe. Il n'était pas jusqu'aux abbesses et aux austères chanoinesses qui n'eussent parfois la fantaisie de courre le cerf à travers les vastes domaines de leurs abbayes.

Dans le plus ancien livre français sur la chasse, intitulé : « *Le Roi Modus* », et publié vers l'an 1300, on trouve un dialogue entre femmes sur la vénerie.

Unedame Julienne Berners, rivalisant de science avec le beau Gaston Phœbus, écrivit un petit traité de chasse « enseignant aux gentilles personnes la manière de chasser toute espèce de bête de vénerie et menu gibier ».

Dans leur amour de la vénerie, de hautes et puissantes dames allaient même jusqu'à apprendre à sonner du cor; un poème dédié à Anne de France, fille de Louis XI, par le grand sénéchal de Normandie, nous révèle que cette princesse possédait un joli talent d'agrément sur la trompe.

Au temps des Valois, surtout après François Ier, le « père de la vénerie », les chasseresses sont plus nombreuses que jamais.

Au siècle suivant, elles commencent à cultiver la chasse à tir, qui détrône la fauconnerie après le règne de Louis XIII.

Sous le règne de Louis XV, l'antique olifant est remplacé : le marquis de Dampierre, commandant de l' « équipage vert » (équipage du roi), invente la trompe, et fait honneur à son invention, si l'on en croit ces vers sans prétention aucune (espérons-le !) :

> Quand Dampierre eut sonné,
> Tout' la Cour s'est étonnée.

A la chasse, princesses et grandes dames rivalisent de luxe.

Après la tourmente de la Révolution, les grandes chasses s'organisent de nouveau ; les traditions de la vénerie sont reprises à la cour de Napoléon Ier, et continuées sous les règnes suivants.

Charles X était fervent amateur de chasse à courre et à tir.

LA CHASSE A COURRE

Depuis la fin du XIXᵉ siècle

Sous le Second Empire, les grandes chasses furent suivies par la princesse de Metternich, la marquise de Galliffet, la comtesse de Pourtalès et autres étoiles des fêtes de Compiègne et de Fontainebleau.

Aujourd'hui beaucoup d'élégantes sportswomen assistent aux exploits des principaux équipages.

Cerfs, chevreuils, sangliers ont ainsi la consolation de faire une belle fin.

La science en vénerie de la duchesse d'Uzès, chef d'équipage à Rambouillet, est bien connue. On a tracé souvent le portrait de cette *huntress* renommée, très simple de manières, très gracieuse, qui, en dehors de ses occupations mondaines et sportives, a trouvé le temps de faire de nombreuses œuvres de charité, et d'illustrer le pseudonyme littéraire et artistique de *Manuela*.

Présidente d'honneur, comme on sait, de l'Union des Femmes Peintres et Sculpteurs.

La comtesse de Puységur a été quelque temps chef d'équipage comme la duchesse d'Uzès ; elle a dirigé plusieurs saisons brillantes en forêt de Compiègne.

Mme Prévost s'est fait connaître par des exploits cynégétiques, en forêt de la Londe. On cite encore Mme Guimet comme ayant été chef d'équipage.

Le nombre des femmes ayant réellement des connaissances spéciales en fait de vénerie est très restreint non seulement en France, mais dans le monde entier.

En revanche, si l'on range parmi les chasseresses toutes celles qui suivent les chasses, soit à cheval (rappelons que le nombre des amazones a beaucoup augmenté), soit plus tranquillement en voiture, on peut dresser une longue et brillante liste.

La grande allure de la chasse à courre, son train luxueux et son cachet de haute vie élégante sont faits d'ailleurs pour séduire beaucoup de femmes.

D'aucunes se montrent des plus intrépides, et sont parfois des premières à l'hallali.

Si quelque veneur un peu hâbleur s'avise de narrer une prouesse merveilleuse, elles ne sont pas en peine pour lui rendre la pareille.

En présence de la jeune Mme de B..., un sportsman connu pour ses plaisanteries un peu fortes, se
disait le héros d'une histoire de chasse dont tout
Chantilly avait parlé :

« ... Donc, ce soir-là, figurez-vous qu'un cerf
arrivait sur moi tout armé...

— Tout armé ?

— Du moins, il portait un fusil en bandoulière. .

— Vraiment ?

— Je vous l'assure. C'est bien simple. Un garde-
chasse s'était arrêté près d'un buisson et avait placé
son fusil près de lui, le canon appuyé contre un
arbre. Un cerf passe alors; avec ses bois il accroche
la bandoulière du fusil, qu'il enlève, et continue sa
course... C'est alors qu'il arrive droit devant moi.
Le voyant ainsi armé, je me suis jugé en état de
légitime défense, j'ai tiré mon revolver...

— Et le cerf est tombé raide mort ?

— Naturellement.

— J'ai fait bien plus fort que cela, dit simplement Mme de B..., jeune chasseresse déjà très
« avertie » :

« Un jour, en forêt de Compiègne, nous avions
chassé toute l'après-midi sans pouvoir prendre notre
cerf. Les chiens étaient à bout de voie. La nuit
arrivait, et il devenait impossible de songer à pren-

Fig. 45. — Hallali à l'étang de Clairfontaine, près de Rambouillet. (Équipage de la duchesse d'Uzès.)

dre sa revanche. Parbleu, voilà qui est ennuyeux, m'écriai-je en faisant cingler un fouet ! O surprise ! Mon fouet accrocha les bois d'un cerf caché dans un buisson, et qui se trouvait être justement la bête que nous avions poursuivie en vain toute la journée. »

Que de noms il faudrait citer, si l'on voulait faire une énumération complète des chasseresses qui accompagnaient en ces dernières saisons les principaux équipages de France !

Ce sont, notamment, Mmes la duchesse de Chartres, la duchesse de Magenta, la duchesse de Guise, la marquise et la comtesse de l'Aigle, comtesse Pillet-Will, de Saint-Léger, comtesse de Rohan-Chabot, duchesse de Luynes, princesse Murat, duchesse de Brissac, princesse de Tarente, duchesse d'Elchingen, duchesse de Noailles, comtesse de Sesmaisons, Bapst, Périer, Kraft, comtesse de Fels, Mure, Pépin-Lehalleur, Ternaux-Compans, Dawkins, vicomtesse Foy, baronne H. de Rothschild, de Yturbe, marquise de Gasquet, marquise de Luppé, de Royer, della Torre, comtesse de Grancey, Troncin, comtesse de Béthune-Sully, comtesse de Lacarelle, de Vaubert, Olry, Froment-Meurice, comtesses H. et F. du Luart, Guichard, Dollfus, G. Menier, Viette, Mahler, comtesse de Segonzac, du Souzy, marquise de Clermont-

Tonnerre, marquise de Juigné, comtesse de Beaumont, de Froissy, baronne de Nexon, comtesse Costa de Beauregard, de La Motte Saint-Pierre, de La Verteville, vicomtesse de Sainte-Croix, Féray, de Laurière, de La Grange, Ancel, Allarmé, comtesse Pastré, baronne de Longuerue, comtesse de Brémoy, Lebaudy, Lambert-Champy, baronne Roger, L. Arbel, marquise d'Aligre, comtesse de Cossé-Brissac, Geoffroy-Château, comtesse d'Esclaibes d'Hulst, vicomtesse de Tocqueville, Geynet, de Charette, vicomtesse J. d'Applaincourt, comtesse de Rasilly, comtesse Werlé, de Saint-Hillier, baronne de Balorre, vicomtesse de Galard, comtesse de Beauvoir, comtesse F. de Gontaut-Biron, Lévin, comtesse du Bourg de Bozas, comtesse de Belot, Daudelot, marquise de Vanssay, baronne Merlin, comtesses L. et R. de Vibraye, Allez, Gillois, Godillot, etc., etc...

Mlles Price, de Nivière, de Courcy, de Gramont, de Gontaut-Biron, de Bassano, d'Hendecourt, de Croze, de Larochefoucauld, de Colbert, de Laborde, Lejeune, Chavannes, Gabet, Melin de Vadicourt, Leclercq, du Luart, de Chambry, Finot, Périer, Arneil, Avril, de Mandelot, de Montbron, de Traversay, d'Andigné, Boulay de La Meurthe, Drake del Castillo, de Pleumartin, de Ruillé, de Saint-Didier, Mallet, etc.

Aux environs de Pau, dans les grandes chasses

au renard, les Anglaises et les Américaines de la colonie rivalisent avec les chasseresses françaises.

En terminant, donnons quelques définitions de termes de vénerie :

A bout de voie. — Se dit lorsque les chiens perdent la voie ; s'ils ne peuvent la retrouver, on dit qu'ils sont *en défaut*.

Bouton. — Insigne de l'équipage. *Porter le bouton,* avoir le droit de porter la tenue d'un équipage.

Change. — Les chiens prennent le change, lorsqu'ils abandonnent la trace de l'animal chassé pour en suivre un autre.

Daguet. — Jeune cerf de seconde année, qui porte son premier bois, dont la forme ressemble à des dagues.

Dix-cors. — Le cerf et le chevreuil sont appelés ainsi à sept ans ; on les appelle *dix cors jeunement,* lorsqu'ils entrent dans leur sixième année.

Hallali. — Cri de triomphe par lequel on annonce que la bête est sur ses fins. On sonne la fanfare de l'hallali sur pied tant que l'animal est debout, et de l'hallali par terre lorsqu'il est tombé.

Honneurs du pied. — Le pied droit de devant de l'animal tué est coupé avant la curée par le premier piqueur, et d'après l'ordre du maître d'équipage, est offert à telle ou telle personne désignée.

Laisser courre. — C'est lancer les chiens courants sur la voie de l'animal.

Relever un défaut. — Si, après avoir perdu la trace du gibier, un chien retrouve la piste, on dit qu'il a relevé le défaut.

Solitaire. — Se dit d'un sanglier âgé de plus de sept ans.

Valet de limier. — C'est le piqueur qui « fait le bois » avec un limier (pour détourner l'animal qu'on va chasser).

Vautrait. — C'est l'équipage de chiens dressés à la chasse du sanglier.

LA CHASSE A TIR

La chasse à tir compte également des pléiades brillantes, où ne manquent pas les tireuses habiles à abattre le gibier de poil et de plume.

Que de genres divers de chasse, que de variétés attrayantes, selon le gibier que l'on poursuit, et aussi selon le milieu, les conditions où l'on se trouve !

Pour préciser le nombre de nos chasseresses, j'ai cherché à savoir la quantité de permis qu'elles prennent annuellement à Paris.

Il paraît que les bureaux de Paris en ont délivré beaucoup plus qu'autrefois, ces dernières années.

J'ignore s'il en est ainsi dans les départements.

On peut croire que les formalités exigées pour les permis retiennent un certain nombre de femmes. On demande l'état civil, l'âge ; c'est parfois ennuyeux. Et puis, il faut subir l'épreuve délicate du « signalement », être examinée, détaillée, et l'on n'a pas toujours affaire à des employés d'une parfaite galanterie, qui sachent donner à la chose un tour de madrigal ; loin de là.

A Paris, les employés y mettent des formes, arrondissent les angles, n'insistent pas sur l'âge ni sur une imperfection physique.

Mais dans certains chefs-lieux, on est moins « régence ».

A V..., l'autre mois, la baronne de L... va chercher un permis de chasse.

— Votre âge, Madame ? demande un employé.

— Mais... vous le voyez bien, répond la baronne en montrant les papiers qu'elle avait apportés.

L'employé se résout à faire ce petit compte ; après quoi il passe au signalement de la baronne, et le fait exprès d'une façon un peu prosaïque.

— Menton rond, nez rond, bouche...

— Arrêtez, dit la baronne... J'aime mieux ne pas chasser ! Je ne voudrais pas montrer ça, même à un gendarme !

*
* *

Le tir aux pigeons est souvent la préparation et comme l'école de la chasse. La mode des paris aidant, ce sport a pris une large place dans la vie élégante.

On l'a souvent critiqué, et même, en Angleterre, il fut question de le supprimer, sous prétexte que c'était un jeu cruel; en réalité, c'était surtout à cause des paris énormes qui s'y faisaient. Les nobles ladies elles-mêmes pariaient et fort cher : la poule aux pigeons devenait leur baccarat.

La suppression projetée du tir aux pigeons fit inventer le *ball-trapp* et le *new-pigeon*, différents systèmes composés d'appareils lançant en l'air des plateaux d'argile (on employa d'abord des boules), des pigeons d'argile ou d'une composition spéciale. Dans beaucoup de châteaux, ces appareils ont été adoptés.

Près de Paris, dans l'île de Billancourt, la Société « Le Fusil de chasse » s'exerce sur des cibles de ce genre.

Des chasseresses s'y rendent parfois.

Au stand Gastinne-Renette, dont les sous-sols, éclairés à l'électricité, ont été aménagés pour le tir au fusil de chasse, un certain nombre de sports-women s'exercent à cette arme. Parmi les plus habiles, citons : Mmes la marquise de Lafont, comtesse de Sommyèvre, Goelet, comtesse de Caumont, princesse Murat, princesse d'Esling, baronne de Castex, Mlles Roger, etc.

Dans les galeries en plein air, au rez-de-chaussée, on peut s'exercer avec une carabine de chasse à deux coups, faire du tir à balles avec des fusils de petit calibre et s'habituer au bruit ainsi qu'au recul de l'arme.

On visera le « lapin mécanique en marche » pour s'exercer au tir mobile.

Ce n'est pas tout d'apprendre les notions du tir : il vous faut, pour chasser, avoir un fusil fait pour vous-même.

Vous devez prendre mesure pour un fusil comme pour un vêtement.

Si une chasseresse a beaucoup de poitrine, on « avantage » la crosse en conséquence, en la portant plus à droite.

On prend mesure avec un fusil mécanique.

En général, les chasseresses emploient le calibre 20, et c'est le calibre à leur conseiller en raison de sa légèreté.

Mais il est des femmes que les calibres 16 et même 12 n'effraient pas.

Il est vrai que celles qui s'en servent chassent généralement en battue, où on leur porte leur fusil.

Inutile, n'est-ce pas, Mesdames et Mesdemoiselles, de vous recommander une grande prudence dans ce sport, soit pour vous-mêmes, soit pour vos voisins.

C'est là surtout qu'il ne faut point être nerveuses.

Les accidents de chasse, à part ceux qui valent de l'avancement, sont très désagréables. Un chasseur blessé par vous n'aurait même pas la consolation de pouvoir se plaindre. Mais avec quelle anxiété on suivrait désormais tous vos mouvements !

*
* *

Pour la plume, la chasse aux alouettes au miroir, amenant à brûler beaucoup de cartouches en peu de temps, sera très utile pour vous mettre bien l'arme à l'épaule.

Pour le poil, la chasse au lapin avec le furet sera aussi un bon exercice, qui habitue à jeter rapidement le coup de fusil.

*
* *

En Angleterre, des écoles de chasse ont été créées spécialement pour femmes.

En des stands réservés, des *shooting schools*, organisés par de grands armuriers, les Anglaises du monde « select » vont s'exercer.

Beaucoup d'entre elles abattent les oiseaux artificiels avec une rare adresse.

Elles se servent généralement d'armes légères.

Fig. 46.

Des concours de tir sur pigeons artificiels sont organisés entre les meilleures tireuses.

Dans les « shooting schools » les Anglaises apprennent tout, depuis la chasse devant soi jusqu'à la chasse en battue.

C'est parfois à de grandes hauteurs que de petites catapultes, placées au sommet d'un échafaudage, lancent les oiseaux d'argile.

Placées à quelque distance de l'échafaudage, les « élèves » s'exercent au coup debout, au coup du roi, au coup arrière, au doublé.

Dans une autre partie de l'école se trouve la « classe » de chasse devant soi. Des trappes dissimulées dans les herbes lancent à l'improviste en l'air, et dans toutes les directions, des oiseaux d'argile sur lesquels tirent les élèves.

Enfin une cible sur laquelle glisse, le long d'un fil de fer, avec une très grande rapidité, un oiseau d'argile, sert à perfectionner les tireuses.

En France, sans avoir eu de pareilles « shooting schools », il s'est formé beaucoup de chasseresses distinguées.

Toutes ne se bornent pas, loin de là, à la chasse dans les parcs et dans les « tirés » où une troupe de rabatteurs amène, à une petite distance des chasseurs, le gibier en grande quantité, surtout lorsqu'il y a des invités de marque dont il convient de ménager l'amour-propre.

Un brillant tableau avec des hécatombes de faisans et de lapins est alors de rigueur.

On voit des chasseresses prenant plaisir, au

contraire, à cette poursuite du gibier qui est l'attrait essentiel du sport et qui les transforme souvent en d'infatigables marcheuses, suivant les recherches de leur « pointer ».

La chasse en pays de plaine paraît encore une distraction trop banale à quelques-unes.

Il leur faut la montagne avec ses sentiers étroits, ses glaciers et ses précipices où l'on risque de glisser à la suite du sauvage gibier (1). Malgré ses périls, la chasse au chamois dans les Alpes est la distraction favorite de quelques jeunes sportswomen.

Dans les montagnes d'Écosse, d'autres vont tirer les grouses. La mode s'en est d'ailleurs mêlée.

C'est surtout auprès de ces expéditions en pays de montagnes que la chasse dans un parc paraît d'ordinaire un semblant de sport.

Il est vrai que l'on voit des parcs d'une superficie très grande, comme celui du baron de Rothschild, à Ferrières.

Les réceptions fastueuses de Ferrières sont célèbres. Celle qui fit le plus de bruit avait été organisée en l'honneur de Napoléon III.

---

(1) Au bord de la mer, on voit aussi des chasseresses poursuivant les oiseaux de grèves (courlis, chevaliers, pluviers, etc.). Quelques-unes ne craignent pas la fatigue de longues heures passées en mer à chasser en bateau les oiseaux plongeurs, pingouins, grèbes, etc. Il en est même qui passent des nuits à la hutte pour profiter des passages de canards.

Le châtelain s'y livra à des dépenses ruineuses...
pour le commun des mortels.

Aussi ne put-on s'empêcher de sourire et de faire
un mauvais jeu de mots, lorsque le baron dit à
l'Empereur qu'il le remerciait de « sa *chère* visite ».

On cite actuellement, parmi les plus distinguées
chasseresses à tir : Mmes la duchesse douairière
d'Uzès et la duchesse sa belle-fille; la duchesse de
Luynes, la duchesse de Noailles, la comtesse Jean
de Castellane, Mme Mac Cready, Mme Jacques de
Waru, la baronne Reille, la comtesse de Segonzac,
la comtesse de Francqueville, la comtesse de Quélen,
la comtesse G. de Sesmaisons, la vicomtesse de Pon-
cins, les comtesses A. et L. de Chevigné, la comtesse
de Fels, la comtesse R. de Clermont-Tonnerre, la
comtesse de Brécey, Mme de Biré, Mme Lebaudy, la
comtesse de Pourtalès, Mme de La Chapelle,
Mme Raoul-Duval, la comtesse d'Havrincourt, la comtesse de Sainte-Aldegonde, Mme Georges Stern, la
comtesse Le Hon, Mme Germot, la marquise de La
Roche, la vicomtesse de Galard, la comtesse de Tré-
veneuc, la baronne de Marsay, etc., etc.

*
* *

Pour bien tirer, il est très important d'être bien d'aplomb.
On porte légèrement le pied droit en arrière et à droite, en pre-

nant appui sur la jambe gauche, le haut du corps un peu penché en avant.

Le fusil doit être tenu solidement dans la main droite que l'on porte à hauteur de l'épaule, la main gauche le tenant vers l'extrémité du devant.

Bien assujettir l'arme à l'épaule pour éviter la « calotte » ou d'autres fâcheux reculs.

Dans les premières séances, on s'exerce à prendre la ligne de mire, à pointer, à attaquer progressivement la détente, etc.

Après des buts fixes, on choisira des buts mobiles sur lesquels on arrivera progressivement à tirer le plus vite possible, en ayant épaulé rapidement, pour que le tir à la cible se rapproche le plus possible du tir de chasse.

On s'exercera à tirer les deux yeux ouverts, ce qui offre des avantages reconnus à la chasse (1), sous cette condition formulée par M. Paul Gastinne-Renette dans la note suivante :

« Il faut tirer les deux yeux ouverts, si l'œil droit est « conducteur », c'est-à-dire s'il est le plus fort.

Il faut « couvrir » le point visé, car on doit tirer plutôt en dessus. Du moins, dans la plupart des cas, on « couvrira » le point visé, pour s'efforcer de tirer en dessus. »

La pratique de la chasse montrera de quelle façon et dans quelle mesure il faut viser *en avant* d'un gibier en mouvement.

On vous recommandera, au lieu de le « suivre » avec votre fusil, de faire un demi à droite ou à gauche, selon les cas, en faisant face à la pièce.

---

(1) On tire plus vite qu'en fermant un œil, et l'on voit mieux le gibier.

LE TIR AU PISTOLET

Êtes-vous prête? — Oui. — Feu! Un, deux, trois !

Et souvent la balle faisait mouche ou brisait la poupée en dix morceaux, lorsque c'était la princesse Ghika — ou telle autre tireuse renommée — qui s'exerçait chez Gastinne-Renette, et y remportait des médailles.

Cette fine arme de tir, le pistolet, qui fait éprouver, dès qu'on s'y exerce un peu, un plaisir spécial de la main et des yeux, convient d'ailleurs à merveille à la finesse du doigt et du coup d'œil féminins.

Le tir de l'avenue d'Antin compte de nouvelles « lauréates » ; et il en compterait davantage encore si nombre de Parisiennes, par excès de modestie, ne se bornaient à s'exercer chez elles, en des « tirs de salon » ou en des stands particuliers installés surtout à la campagne. Quelques-unes ne vont jamais se promener ou chasser sans se munir d'un pistolet ou d'un revolver.

Mlle Louise Abbema, par exemple, porte toujours, lorsqu'elle va chasser, un revolver à la ceinture, et parfois elle s'exerce avec cette arme, entre deux coups de fusil.

Il paraît même qu'elle accomplit un jour l'exploit suivant, en compagnie de Mme Sarah Bernhardt, autre tireuse exercée.

— Cueille-moi donc cette fleur, disait Sarah Bernhardt en désignant une rose. Mlle Abbema prit son revolver, visa la tige de la rose, et la coupa net, « sans effeuiller la reine des fleurs », comme on dit au Palais-Royal.

Sarah Bernhardt eût désiré tout un bouquet cueilli de la même façon ; mais Mlle Louise Abbema déclara, par modestie sans doute, qu'elle était incapable de recommencer un pareil exploit.

*
* *

Un fait assez curieux, c'est que le tir au commandement — pratiqué d'ordinaire en vue du duel — a été longtemps cultivé aussi bien que le tir au visé par nos modernes tireuses de pistolet.

Songeaient-elles par hasard à renouveler certains combats restés légendaires ?

« On parle à Paris, contait Gui Patin, dans ses mémoires, de deux dames de la cour qui se sont battues en duel à coups de pistolet. Le roi a dit, en riant, qu'il n'en avait fait défense que pour les hommes. »

La plus curieuse rencontre de ce genre fut celle de la marquise de Nesle et de la comtesse de Polignac, sous la Régence. Le duc de Richelieu n'était pas étranger à leur querelle.

La comtesse de Polignac avait une habileté reconnue au pistolet ; par courtoisie, ce fut l'arme que proposa la marquise de Nesle.

La comtesse ne voulut pas être en reste de courtoisie, et, une fois sur le terrain, elle dit à son adversaire de « tirer la première »..... Vingt ans avant Fontenoy, le mot était d'autant plus joli. Mme de Nesle tira la première..... et atteignit une branche d'un arbre voisin.

— La colère fait trembler la main ! dit Mme de Polignac. Elle visa et coupa le bout de l'oreille droite de la marquise qui, de saisissement, s'étendit de tout son long.

Sous la Restauration, au temps des bretteurs,

plusieurs femmes allèrent sur le terrain, aussi bien au pistolet qu'à l'épée.

En mai 1828, une femme se battit au pistolet avec un garde du corps qui, sans doute, eut la courtoisie de tirer en l'air.

Le même mois, à Strasbourg, une Française et une Allemande, que courtisait toutes deux un jeune peintre, échangèrent en son honneur deux balles « sans résultat ». On raconte que les rivales s'étaient rendues sur le terrain avec des témoins de leur sexe. Je me plais à croire, du reste, que des hommes n'eussent pas accepté.

Un duel de ce genre eut lieu en 1875, paraît-il, entre deux jeunes femmes de Bordeaux.

On cite d'autres exemples.

Est-il besoin de protester? Un duel sanglant entre jolies femmes, ce serait une sorte de profanation. Si ces dames veulent jouer à la poupée de tir, que ce soit sans arrière-pensée et sans être tentées d'abuser de leur force contre nous ou contre elles-mêmes, ce qui est encore plus grave.

Le revolver surtout, Mesdames, n'y touchez pas, à moins que vous n'ayez affaire à MM. les cambrioleurs, gent devenue trop nombreuse et trop hardie !

*
* *

Parmi les tireuses de pistolet, citons d'abord celles qui ont obtenu des médailles d'argent au tir de l'avenue d'Antin.

Si l'on peut s'étonner que des femmes aient obtenu un pareil succès, c'est qu'il demande encore plus de patience que d'habileté.

Les premières inscrites au tableau d'honneur sont : Mmes la princesse Ghika, comtesse Tyskiewicz, comtesse des Voisins, Milbank et Emma Mac Swiney.

*
* *

La princesse Ghika obtint deux médailles d'argent : l'une pour quinze poupées cassées de suite, au visé ; l'autre pour neuf poupées cassées en douze balles, au commandement.

La comtesse Tyskiewicz conquit deux médailles d'argent, pour les mêmes tirs que ceux de la princesse Ghika.

C'est au commandement surtout que se distingua la comtesse des Voisins.

Elle obtint la médaille d'argent pour neuf poupées cassées en douze balles.

Mme Milbank a gagné deux médailles d'argent au visé et au commandement.

Mme Emma Mac-Swiney a obtenu la médaille d'argent pour quinze poupées cassées au visé.

Dans ces séries de quinze poupées, ce sont les cinq dernières et surtout la quinzième qu'il est si difficile de ne pas rater.

Une seule balle mauvaise, tout est à recommencer ; on y pense malgré soi, et cela suffit à déranger la main, à rendre la vue moins nette.

Que de séries recommencées, et quelle persistance suppose souvent une médaille de tir ! On voit du reste des tireurs très connus qui ne l'obtiennent pas, faute de patience.

*
* *

Plus récemment, se sont distinguées Mmes la princesse Murat, marquise de Lafont, baronne de Castex, comtesse de Francqueville, comtesse de Sommyèvre, Allibert, Mlles Roger, etc.

Mme Paul Gastinne-Renette est également une des plus habiles tireuses de la maison.

La mode n'est plus, parmi elles, de tirer au commandement.

*
* *

Une des dernières médaillées, par ordre de date, est Mlle Rachel Boyer, l'ex-pensionnaire de la Comédie-Française.

Elle a démoli à coups de balles je ne sais combien de poupées, d'œufs et d'assiettes.

Avec un adversaire aussi redoutable qu'elle, il faudrait, à la veille d'un duel, faire son testament, ou user de stratagème, comme l'ingénieux Marseillais qui avait parié de se battre au visé, sans être atteint, avec un de ces tireurs professionnels qui accomplissent, dans les music-halls, des exploits rappelant, à une autre arme, ceux de Guillaume Tell.

Sur le terrain, lorsque le directeur du combat commanda : « Feu ! » le Marseillais leva son chapeau, laissant paraître au-dessus de sa tête..... un œuf de tir, que son adversaire visa machinalement, entraîné par une habitude professionnelle. L'œuf fut cassé, au milieu bien entendu. Quant au Marseillais, il tira généreusement en l'air, comme il eût fait également, par galanterie, dans un duel avec Mlle Rachel Boyer.

*
* *

Les tragédiennes n'ont pas dédaigné de s'exercer

au pistolet. Autrefois, on citait Rachel. Aujourd'hui, une des plus habiles est, avons-nous dit, Mme Sarah Bernhardt.

Elle s'est souvent exercée au tir installé près de son ancienne villa de Sainte-Adresse,— un nom qui devait l'inspirer. Elle a cultivé tantôt le pistolet, tantôt la carabine, et a réussi des cartons surprenants : le tir au sanglier, les cibles mobiles lui convenaient également.

*
* *

L'Opéra-Comique, qui la posséda peu de temps, a compté en Mlle Harding, une fine tireuse de pistolet ; c'était aussi une escrimeuse vraiment bien douée.

N'oublions pas une actrice, qui eut une certaine notoriété au temps de la création du *Petit Duc* : il s'agit de Mlle Piccolo.

On raconta un beau jour, dans les faits divers, que Mlle Piccolo, armée d'un revolver, avait tenu en respect et fait arrêter deux voleurs qui pénétraient dans sa villa de Nogent-sur-Marne.

A la bonne heure ! C'était un excellent exemple à suivre dans la banlieue parisienne, chère aux cambrioleurs !

Plus récemment s'est révélée comme tireuse de pistolet, Mlle Cassive, des Nouveautés.

Fig. 47.

CONSEILS POUR LE TIR AU PISTOLET

Voici quelques conseils que nous avons donnés aux tireurs de pistolet et que les « tireuses » peuvent également utiliser :

Pour s'exercer et apprendre à bien viser, à bien tirer, on prend d'abord la position suivante :

Être bien d'aplomb, bien équilibrée, le corps droit, faisant face à gauche, effacée (autant que le permet la conformation féminine) sans être gênée, le pied droit à environ trente centimètres du pied gauche, la main gauche sur la hanche, la tête tournée droit vers le but.

Tenir la crosse du pistolet avec le pouce et les trois derniers doigts, l'index placé sur la détente, et engagé jusqu'à la deuxième phalange. La première phalange aurait moins de force pour appuyer progressivement sur la détente.

Avant de porter le pistolet à hauteur de l'œil, on tient d'ordinaire l'arme abaissée, le bras tendu, obliquement.

Il faut se garder de laisser le canon tomber dans la direction du pied, en cas de brusque départ de la détente. (Nous supposons que l'on a armé le pistolet ou le revolver.)

Tout en tenant ainsi l'arme abaissée, on achève de la bien mettre dans la main, d'assurer la position du corps, et l'on voit rapidement si l'on est placée comme il convient par rapport au but, si le bras, en s'élevant, pourra bien porter l'arme dans la ligne.

Une fois le corps ainsi placé et le pistolet bien dans la main, on l'élève à hauteur de l'œil et l'on s'exerce à viser, en plaçant l'arme de telle façon que le rayon visuel, passant par le cran de la visière et le sommet du guidon, rencontre le but.

Pour avoir plus de force, plus d'acuité visuelle dans l'œil droit, l'œil qui vise d'ordinaire, on ferme l'œil gauche et, d'autre part, afin de pouvoir profiter aussi vite que possible de la direction du regard, dès qu'elle est bien réglée, il faut, tout en visant, attaquer lentement la détente, progressivement, sans secousse, de telle façon qu'ayant déjà commencé à faiblir, elle cède presque insensiblement au moment voulu. En d'autres termes, il ne faut pas qu'il y ait d'à-coup, de brusquerie dans le départ. Il faut se laisser presque surprendre par le départ graduellement amené, au moment où l'arme est bien dans la ligne. C'est à cette condition qu'il n'y aura pas d'écart de tir.

On s'exerce à tirer sur toutes sortes de cibles, mais de préférence, sur ce que, dans les tirs publics, on appelle le *bonhomme*, autrement dit la silhouette d'un homme de taille et de grosseur moyennes.

On n'a pas encore imaginé de mettre une *bonne femme* comme cible pour les tirs de dames.

NOTE POUR LE TIR AU REVOLVER

Mêmes règles pour le revolver que pour le pistolet. On arrive aussi à avoir beaucoup de précision avec un revolver, si on l'arme en agissant avec le pouce sur le chien, avant chaque coup, et si, bien entendu, on a une très bonne arme, munie à la fois de visière et de guidon. (Beaucoup de revolvers n'ont pas de visière. Elle serait d'ailleurs inutile dans un combat réel, au cas de hâte ou de jour insuffisant. Pour s'exercer, on vise alors par la ligne médiane du chien ou de la bande.)

Je viens de parler de « combat réel » en supposant, par exemple, chères lectrices, — et je suis persuadé, d'ailleurs, que cette hypothèse ne vous fait nullement frémir — le cas où vous auriez affaire à un ou plusieurs cambrioleurs, plus ou moins apaches... ou à de mauvais chemineaux du même genre... Brrr.... ! Là, vous ne frissonnez point? Non, n'est-ce pas ! Donc, je continue.

Il faut s'habituer à viser rapidement, en prévision de cas de ce genre.

Au début des exercices, on avait visé plus ou moins lentement.

On doit ensuite accélérer un peu le mouvement.

Après s'être exercée à tirer en armant le revolver à chaque coup, on s'accoutume à tirer autrement, comme dans le cas d'une attaque où l'on aurait à tirer plus ou moins vite les six balles de son arme, en appuyant sur la détente sans prendre le temps d'armer.

Il devient naturellement plus difficile d'avoir de la précision, par suite des « coups de doigt » au départ. En pareil cas, on tiendra plus ferme la crosse du revolver, pour atténuer les déviations; et, d'autre part, on s'exercera surtout à tirer *dans la ligne* ; autrement dit, on ne visera pas tel ou tel point du « bonhomme » servant de cible, on cherchera à tirer bien droit dans sa direction, vers le milieu du corps.

De plus, lorsque l'on tire rapidement, on ne perd pas de temps à chercher le sommet du guidon, que l'on risquerait de ne pas voir

du tout : on prend plein guidon, sauf à viser un peu plus bas. On
vise alors la ceinture pour atteindre le milieu du corps.

Bien entendu, la précipitation du tir, dans un combat réel,
contre un ou plusieurs adversaires, amène d'autres écarts, soit de
bas en haut, soit latéralement, dont il faut tenir compte. (On tire
plus bas pour les écarts de bas en haut, un peu à gauche pour les
écarts de gauche à droite.)

AUTRES ARMES

En dehors du revolver, d'autres armes de poche d'une invention
plus récente, des « pistolets à répétition automatique » ont aussi une
grande précision et, grâce à leurs systèmes de « chargeurs » —
nom donné à de petits magasins contenant les cartouches — permettent de tirer un plus grand nombre de balles qu'au revolver,
dans le même laps de temps. Puis elles ont une grande portée.

Ces armes conviennent particulièrement à des gardes, à des
explorateurs, à des *exploratrices,* à tous ceux qui parcourent une
région où ils peuvent avoir beaucoup d'adversaires contre lesquels
il faut se défendre d'assez loin.

Puis elles sont utiles pour tirer le gros gibier. On adapte au
besoin une crosse de fusil.

Pour décharger une de ces armes, il ne faut pas se borner à
enlever le chargeur, on doit bien vérifier s'il ne reste pas une
cartouche dans le canon.

Signalons cela, car il est arrivé qu'en ayant enlevé le chargeur
on croyait l'arme complètement dépourvue de cartouches.

*   *
*

Quelles que soient l'arme et la marque choisies, en fait de pistolet, de revolver, etc., il faut commencer par faire plusieurs
expériences pour une, et à des distances diverses, sur des cibles
variables.

Autrement dit, il faut « *bien connaître son arme* » et ne pas attendre, pour l'expérimenter, le moment du danger. Il ne faut pas être surprise, notamment, par une détente plus ou moins forte.

Cela dit, chères lectrices, tous mes souhaits pour que vous n'ayez jamais à utiliser ces conseils. Mais le fait seul de savoir que vous ne seriez pas prises au dépourvu augmentera votre force morale.

L'ESCRIME

« En garde ! Engagez en quarte... Fendez-vous ! En garde ! un petit dégagé pour terminer... Très bien ! Deux appels du pied... Parfait, Madame la baronne, vous devenez de première force ! »

Et le maître d'armes pour dames, correct comme un gentleman, salue galamment du fleuret, tandis que la baronne, un peu lasse, mais contente et fière d'elle-même, le teint rosé, la poitrine dilatée, déclare qu'elle est enchantée de sa leçon et qu'il n'est rien de tel pour se remettre des fatigues d'une nuit de bal qu'une petite séance d'escrime, le meilleur des traitements « par le fer ».

*
* *

Il ne faudrait point lui soutenir alors qu'un tel sport ne sied pas à une femme !

Elle serait capable de vouloir constituer des témoins !

Là, elle aurait tort ; car si l'escrime féminine a des partisans sérieux, parmi lesquels des médecins très connus, ce n'est pas du tout en tant que sport de combat, mais comme exercice pouvant très bien convenir à certains tempéraments.

Sans doute l'escrime semble, tout d'abord, n'être qu'un sport de combat et essentiellement masculin : d'où il résulte qu'il peut paraître, à première vue, un peu excentrique pour une jeune fille, pour une femme.

Mais si vous le considérez en tant qu'exercice physique, vous devez écarter ces apparences, et examiner avant tout s'il a des effets hygiéniques, s'il réussit aux jeunes filles, aux femmes qui, sur l'ordonnance de leurs médecins... ou parfois instinctivement, y ont eu recours.

Par exemple, si l'on a de l'activité de trop à dépenser, si l'on a besoin d'une circulation du sang plus vive, suivie de transpiration, on obtient rapidement ces résultats avec le sport dont il s'agit.

Notons aussi qu'au Conservatoire plusieurs professeurs recommandent l'escrime à des élèves-femmes ayant besoin d'acquérir du souffle : ce qui ne doit pas empêcher de leur recommander les exercices respiratoires de la méthode de gymnastique vraiment rationnelle, base de l'éducation physique.

*
* *

Un fait incontestable : beaucoup d'Anglaises et d'Américaines font des armes et paraissent s'en bien trouver.

Cela convient à leur tempérament. Puis c'est une mode parmi elles, et qui leur plaît. A Paris même, ce sont elles qui forment la majeure partie de la clientèle des maîtres d'armes ou maîtresses d'armes pour dames. Car il faut reconnaître que les Françaises fournissent, du moins jusqu'ici, un contingent relativement faible à l'escrime féminine.

Au point de vue esthétique, nous pourrions citer maints exemples de jeunes filles, de femmes vraiment gracieuses sous les armes.

Bien entendu, elles doivent s'escrimer sans brusquerie, sans viser aux effets de force ; mais, plutôt, avec la constante préocupation de faire des armes correctement et finement. Il leur faut ne point trop rechercher le coup de bouton, ne point montrer cet excès d'amour-propre dont tant d'amateurs masculins font preuve.

Elles doivent pratiquer les armes, tantôt d'une main, tantôt de l'autre, pour maintenir et parfaire même l'heureux équilibre du corps.

Ajoutons qu'il ne manque pas de costume d'escrime seyants, élégants même, qui ne font que mettre en relief la grâce des formes et de la tournure.

Un corsage spécial, rembourré avec soin pour éviter tout accident, et une jupe courte forment une tenue de salle d'armes à la fois pratique et gracieuse.

A quelques femmes le costume et les mouvements d'escrime ne vont pas très bien, soit par suite d'embonpoint très prononcé, soit pour d'autres raisons.

Pour peu qu'elles aient la modestie de le reconnaître, il leur suffira de pratiquer, sans spectateurs, un sport dont elles peuvent tirer avantage pour leur hygiène, pour leur santé.

*
* *

En tout cas, si le nombre de nos mondaines pratiquant les armes reste peu élevé, ce n'est point

Fig. 48. — Escrimeuse.

D'après un croquis inédit de Mlle Louise Abbema.

faute d'exemples fameux témoignant de l'habileté rare que des femmes peuvent acquérir l'épée en main.

Inutile de rappeler les exploits de la Maupin, cette artiste de l'Opéra qui, au sortir d'un bal masqué où elle était allée costumée en homme, se révéla

Fig. 49. — Mme Gabriel, en chevalière d'Eon, reconstitue avec son mari, gaucher comme elle, une scène d'escrime ancienne.

duelliste redoutable et étendit tour à tour sur le pré plusieurs adversaires.

Cela se passait au commencement du xviiie siècle.

J'hésite à citer la chevalière d'Éon; car il paraît prouvé qu'elle se vanta toute sa vie, en se faisant passer pour femme.

De nos jours, je n'ai que l'embarras du choix

parmi les escrimeuses *di primo cartello*, depuis Mlle Jean-Louis jusqu'à Mlle Trigaud, autre fille de maître d'armes, devenue Mme Gabriel, à Mmes Émile Mérignac, Rouvière, etc., pour ne citer que des professionnelles du noble art des armes. Les femmes ont d'ailleurs une grande finesse de doigté, précieuse dans l'art du fleuret; puis, elles savent habilement dérouter leurs adversaires par des mouvements embrouillés et leur tendre des pièges machiavéliques! « Finesse, ruse, tromperie — comme le caractère des femmes — se retrouve dans leur jeu ! », a-t-on dit avec une exagération voulue.

Vous ne vous sentez pas atteintes, n'est-ce pas, Mesdemoiselles, par de pareilles assertions. Inutile de dire que l'escrime féminine est souvent dangereuse.... pour ceux qui croisent le fer avec nos aimables championnes.

Il est arrivé que des filles de maîtres d'armes, escrimeuses elles-mêmes, ont été épousées par des amateurs dont elles avaient fait la conquête, fleuret en main.

C'est ainsi que Mlle Jean-Louis, fille du célèbre professeur, devint comtesse, et que, à une époque plus récente, Mlle Basset se maria avec M. de Lézardière.

Il advint aussi que M. Grisier, le sympathique directeur de théâtre, fils d'un maître d'armes célèbre,

épousa Mlle Montbazon, à qui, sans être professeur
lui-même, il avait donné des leçons d'armes pour
un rôle d'opérette.

L'escrime féminine amenant des mariages, quel
argument de plus en sa faveur !

*
* *

Rien de nouveau sous le soleil.

L'escrime féminine fut en vogue à Rome, si l'on
en croit Juvénal. En sa fameuse satire contre les
femmes, il malmène à divers titres celles qui prenaient des leçons avec des gladiateurs.

Le baudrier et les armes qu'elles maniaient,
casque en tête, ne leur seyaient guère.

L'escrime moderne, avec cet instrument léger,
presque délicat, le fleuret, convient mieux aux
femmes.

Et nos escrimeuses ne justifieraient en rien les
épigrammes mordantes du satiriste latin, qui avait
sans doute quelque déception à venger, quelque
rancune à satisfaire.

*
* *

Dans le monde des théâtres, à Paris, et sans
remonter jusqu'à Déjazet et à Rachel, deux élèves

de Grisier père, il ne manque pas d'artistes connues, renommées, qui se sont exercées dans l'art des armes.

D'aucunes l'ont cultivé, d'abord par devoir professionnel, pour remplir un rôle travesti dans quelque opérette de cape et d'épée; après quoi elles ont pris goût à ce sport.

D'autres ont été initiées à l'art du fleuret, dès leur printemps, à la salle d'armes du Conservatoire.

Quelques détails, tout d'abord, sur le cours d'escrime — pour les deux sexes — qui fut organisé dans le célèbre établissement du faubourg Poissonnière.

Au début, la direction fut confiée à l'éminent et regretté maître Jacob.

Lorsqu'elles faisaient assaut avec lui, beaucoup de ses gracieuses élèves évoquaient le souvenir biblique de la lutte de Jacob avec l'ange. Soyons galant !

Ce fut dans la classe de chant que le maître recruta ses plus brillantes élèves.

Ces demoiselles du chant ont un large plastron, se nourrissent bien et montrent plus de vigueur que nos mignonnes ingénues de comédie, oiseaux charmants, mais parfois trop frêles !

Une des meilleures lames du Conservatoire, au

temps de Jacob, fut Mlle Janvier, qui depuis devait remporter de nombreux succès à l'Opéra.

En la voyant s'escrimer, un des camarades de Mlle Janvier disait qu'elle eût dû s'appeler plutôt... Mlle Mars.

A Jacob succéda comme professeur d'escrime au Conservatoire, Louis Mérignac — autre célébrité de l'escrime virile.

Louis Mérignac a formé aussi, au faubourg Poissonnière, des élèves distinguées, dont quelques-unes venaient même se perfectionner à la salle d'armes du maître, rue Joubert, le dimanche matin.

Rares étaient, il faut bien le reconnaître, celles qui avaient ainsi le feu sacré de l'escrime.

Nos futures étoiles sont d'ailleurs si occupées, et si préoccupées de leur avenir théâtral !

Mais Louis Mérignac réunit toujours, au Conservatoire un certain nombre d'élève du beau sexe.

Un jour par semaine leur est réservé.

*
* *

C'est en dehors du Conservatoire, en somme, que se sont formées nos plus renommées escrimeuses de théâtre.

On a raconté que Sarah Bernhardt était l'une d'entre elles. Un mauvais plaisant disait même à ce sujet qu'elle avait tout ce qu'il faut pour toucher et n'être pas touchée : présence d'esprit et... absence de corps.

En réalité, la célèbre artiste qui est très sportswoman — nous le constatons en d'autres chapitres — n'a pas cultivé les armes.

On a fait beaucoup d'escrime chez elle ; mais les tireurs étaient M. Maurice Bernhardt, quelques amis et la grande peintresse qui a nom Louise Abbema.

A propos de l'auteur de tant de toiles exquises, ajoutons que Mlle Abbema s'est exercée surtout dans son atelier de la rue Laffitte.

Son professeur a été Michel Bettenfeld, l'auteur de l'*Art de l'Escrime*, dont Mlle Abbema a dessiné les principales illustrations.

Elle a exécuté de ravissants programmes d'assauts publics.

Revenons au théâtre :

Mme Simon-Girard cultiva les armes à l'époque où elle chantait l'opérette aux Folies-Dramatiques. Du reste, ce théâtre avait alors pour directeur un fervent amateur de fleuret, M. Henri Micheau, qui depuis a présidé avec tant de succès aux destinées des Nouveautés. Et M. Micheau voulut s'attacher spécialement un maître d'armes aux Folies-Dramatiques. Ce fut l'excellent Bardoux, très sympathique, très épris de son art, et l'une des physionomies les plus originales du monde professionnel.

Mme Simon-Girard fit honneur à ses leçons : toujours vive et alerte à la réplique comme à l'attaque, d'ailleurs.

Son fils est un des précoces lauréats des concours d'escrime scolaire, et cela doit réjouir le cœur maternel.

*
* *

Toujours aux Folies-Dramatiques — ah ! quelle pépinière d'escrimeuses ! — Mlle Marguerite Ugalde eut à créer le rôle de d'Artagnan dans les *Petits Mousquetaires*.

Un d'Artagnan qui n'eût pas tiré l'épée avec grâce, quel effet déplorable !

Mlle Ugalde s'empressa donc de prendre des leçons d'armes pendant plusieurs mois avec le renommé maître Caïn, qui comptait déjà de nombreux élèves du sexe fort dans le monde des théâtres.

Aucun d'eux ne montra plus de vivacité, d'entrain et d'énergie. On sait, d'ailleurs, avec quelle vivacité d'allure Mlle Ugalde a toujours porté le travesti.

Ce fut elle-même qui régla son duel avec Athos, au premier acte des *Petits Mousquetaires*, et elle choisit habilement des coups à effet, comme prime coupé de revers, ou le croisé de seconde, qui étaient devenus ses coups favoris.

Ce fut un des succès de la pièce.

Mlle Cécile Sorel, la charmante sociétaire de la Comédie-Française, a été longtemps l'élève de Louis Mérignac.

On voit que Célimène ne pouvait mieux choisir comme professeur.

Après la Comédie-Française, passons à l'Opéra.

Les pensionnaires de la maison n'ont pas besoin d'aller en ville pour faire des armes. Ils ont une salle au sein même du monument Garnier.

Les principaux artistes hommes de la maison sont inscrits à cette salle, où enseigne M. Millet, un des premiers lauréats du tournoi de fleuret de l'Exposition de 1900.

Il fait plastronner aussi un certain nombre de jeunes escrimeuses, qui arrivent de leurs loges tout habillées pour la leçon ou l'assaut. Parfois l'une d'elles s'exerce en tenue de ville, en remontant, en assujettissant à l'aide de sa ceinture une jupe qui n'est pas assez courte.

Si, par hasard, une de ces demoiselles manque un peu d'entrain au début, le professeur lui dit : « Allons donc, une future étoile qui n'a pas de sang ! »

Comment ne pas redoubler d'ardeur et de brio après une telle apostrophe !

Avant la réorganisation récente de la salle d'armes de l'Opéra, quelques pensionnaires de la maison s'entraînèrent en ville.

C'est ce que firent Mlles Invernizzi et Salle, qui après avoir répété avec Mme Gabriel des numéros d'escrime du XVIIIe siècle, les exécutèrent avec beaucoup de succès en diverses soirées et entre autres à « l'Épatant ».

Elles y furent très « Louis XV ».

Après le monde des théâtres, passons au « monde » tout court.

Il faut constater d'abord, et non sans regret, que ce sont des étrangères surtout qui pratiquent l'escrime à Paris.

La princesse de Saxe-Meiningen en donne hautement l'exemple. Elle a un professeur français attaché à sa cour, M. Mutte. Et, lors de ses séjours à Paris, elle fait organiser chez elle des réunions intimes où elle-même croise le fer avec beaucoup d'entrain.

Avant elle, une reine, l'ex-reine de Naples avait donné à Paris l'exemple du goût des armes. Elle cultivait les armes *incognito* sous le nom de Mme F..., au gymnase du Colisée.

Elle avait pour professeur M. Fournier, ancien directeur du gymnase de la rue de la Sorbonne.

Grande, élancée, nerveuse, elle fit honneur à ses leçons et acquit rapidement un jeu très fin et très vif.

Dans une des dernières séances publiques de la salle Baudry, la baronne d'Engelhardt, de nationalité russe, se distingua à l'épée.

Mais rappelons que ce sont surtout des Anglaises et des Américaines qui forment aujourd'hui la clientèle féminine de plusieurs professeurs pour dames, tels que MM. Millet, Soihiez, Andrieux, Kuentz, etc.

La princesse Edmond de Polignac, d'origine américaine, est une brillante élève de MM. Adolphe et Georges Rouleau.

Parmi les escrimeuses étrangères, une des plus connues à Paris est miss Toupie Lowther, sœur d'un membre de la Chambre des Communes.

A Londres, nous l'avons vue s'exercer à la salle d'armes dirigée par le maître français Voland, qui a compté beaucoup d'élèves du beau sexe. Il en est de même en d'autres « fencing schools » londoniens.

La célèbre salle d'armes Bertrand, où les princesses royales, filles du prince de Galles, depuis Edouard VII, vinrent cultiver les armes, a été de tout temps et reste encore une pépinière d'escrimeuses distinguées.

Mme la duchesse d'Orléans a fait honneur aux leçons de Félix Bertrand.

La même salle d'armes compte parmi ses anciennes élèves ou parmi ses élèves actuelles, Mmes la duchesse de Roxburghe, la comtesse Wolverton, la baronne Eckhardstein, la marquise de Headford, Mme George Edwards, Mme Pinero, Miss Marie Tempest, Miss Ellaline Terris, Miss Violet Vanburch, Miss Maud Danks, Miss Elarturight, Miss D. Jones, Miss E. Turner, Misses Julia, R. et D. Johnston, Earp, Stokes, Cheetham, King, Plummer, Eschwegh, etc., sans oublier Miss D. Hall, gagnante du Championnat des dames organisé à Londres, en 1907, par l' « Amateur Fencing Association » ([1]).

(1) Ajoutons que Félix Bertrand enseigne l'escrime aux étudiantes de l' « Academy of Dramatic Art », aux élèves de « The Physical Training College », dirigé à Bedford par Mlle Stansfeld, et aux élèves des collèges de jeunes filles de Folkestone et d'Ascot.

Il s'est fondé à Londres un « Ladies Fencing Club ». A la première réunion de ce club, on remarquait Lady Lygell, Lady Robinson, Lady Henrietta Vere Hughes, Mrs Gilbert Coleridge, etc.

Parmi les escrimeuses anglaises, n'oublions pas de citer Lady Colin Campbell et Miss E. Elwall qui, récemment, a soutenu un match avec Mme Pierre Vigny, match où la fortune des armes ne lui fut pas favorable, sans l'empêcher de montrer de sérieuses qualités.

De même qu'en Angleterre, l'escrime féminine est à la mode aux États-Unis. Des fencing-clubs de New-York, de Boston, etc..., possèdent une notable proportion d'élèves du beau sexe.

Une des villes d'Europe où l'on compte le plus d'escrimeuses est Copenhague, où enseigne le professeur français Mahaut.

A Paris, l'essai de « Cercle d'escrime des Dames », fondé rue de La Boëtie, par Mme Gabriel, n'eut pas tout le succès attendu, malgré le mérite du professeur et le choix des dames patronnesses.

Ce cercle qui avait pris pour devise : *Ludus pro formâ*, donna sans doute de brillantes réunions, où parurent, devant une assistance exclusivement féminine, Mlles Marie-Rose Cordier, Julie Pierre,

Fig. 50. — Le professeur, **M.** Millet, apprend à l'élève, représentée par Mme Millet, à tenir l'engagement avec l'opposition voulue. C'est l'engagement de quarte qu'il lui fait prendre d'abord.

Fig. 51. — Il lui apprend à se fendre, à se développer. L'élève se fend en sixte, dans la gravure ci-dessus.

Fig 52. — Parade de prime ; peu usitée, mais faisant de l'effet lorsqu'elle est bien prise par une excellente « élève » comme Mme Millet.

Fig. 53. — Parade de seconde.
(Pour l'explication des termes techniques, on voudra bien consulter les notes de la fin du volume.)

Pauline de Murat, etc..., Mlle Chauderlot, fille du maître d'armes, Mmes Gabriel et E. Mérignac.

On pouvait espérer d'abord qu'il se formerait de nombreuses escrimeuses mondaines, marchant sur les traces de la comtesse de Beaumont-Castries (qui fut une brillante élève de Collin), de la baronne de Vimont (qui plastronna avec Mlle Basset), de la comtesse de Salles, de Mme Lacroix, qui fit honneur aux excellentes leçons d'Alessandri, etc.

Le cercle eut seulement quelques années d'existence. En revanche, Mme Gabriel dirige toujours un cours d'escrime pour jeunes filles. Elle a notamment des élèves à l'Association Philotechnique.

Elle y organise annuellement une épreuve publique, sous forme de concours, et là se sont distinguées particulièrement Mlles Marie et Marguerite Delemotte, Charlotte Leroux, Blanche Francastel, Angèle Robin, Jeanne et Gabrielle Giraud, Suzanne Lagache, Esther Colasse, Claudine Dupuis, Suzanne Lefrançois, etc.

Plusieurs de ses élèves ont brillé au tournoi d'escrimeuses (1) de Tourcoing, en juillet 1906, où l'on remarqua aussi de jeunes tireuses suédoises.

Ainsi que Mme Gabriel, Mmes Émile Mérignac et

____

(1) Des tournois de ce genre avaient déjà été organisés à Londres.

Rouvière, femmes des deux maîtres d'armes bien connus, sont à mentionner en première ligne parmi les professionnelles de l'escrime à Paris.

Mme Rouvière a fondé récemment une élégante salle, près des Champs-Élysées.

Mme Millet seconde fort bien son mari dans le « fencing-school », où, depuis quelques années, il compte beaucoup d'élèves anglaises et américaines.

Mme Bougnol, femme du professeur du Cercle Hoche, doit se révéler bientôt comme « épéiste ».

On cite en province Mme Rougemont et Mme Pouyet, également femmes de maîtres d'armes, comme ayant soutenu de remarquables assauts.

Mlles Lafoucrière, filles du professeur de Montluçon, ont tiré en public avec un vif succès.

Tous les amateurs parisiens qui ont vu, le fleuret en main, Mmes Rouvière, Émile Mérignac et Gabriel conviennent que ce sont de redoutables escrimeuses et que leurs adversaires du sexe fort auraient tort de vouloir les ménager : les coups de bouton ne tarderaient pas à pleuvoir.

*
* *

Encouragées par la conscience de la force qu'une femme peut acquérir en escrime, quelques-unes de

nos modernes tireuses — non professionnelles —
ont eu des velléités de revendiquer le droit pour la
femme de se battre en duel. C'est pousser le fémi-
nisme un peu loin. La fameuse Mme Astié de Valsayre
fonda une association féminine dite le « Groupe des
Escrimeuses », dont les adhérentes prenaient l'engagement de mettre leurs épées au service de l'affran-
chissement des femmes.

Heureusement, la présidente du groupe ne tarda
pas à faire preuve d'idées plus pacifiques. Après
avoir passé un brillant examen, la terrible Mme Astié
de Valsayre devint sage-femme.

NOTIONS GÉNÉRALES D'ESCRIME
ET CONSEILS PRATIQUES

Trois armes dans les salles d'escrime : le fleuret, l'épée et le sabre.

A moins que vous ne vouliez, Mesdemoiselles, nous jeter du... sabre aux yeux (oh! pardon), le fleuret et l'épée suffisent amplement à satisfaire celles d'entre vous qui ont le goût de l'escrime et à leur procurer les effets hygiéniques de cet exercice.

Le fleuret vous convient particulièrement.

Inutile de vous rappeler, Mesdemoiselles, qu'avec cette arme et avec l'épée on cultive l'escrime de la pointe; tandis que le sabre est l'arme de la contre-pointe, permettant à la fois des coups de pointe ou d'estoc et des coups de taille ou de tranchant.

Bien que l'on fabrique pour les exercices de salle des lames de sabre très légères, ce genre d'escrime vous sied moins que le fleuret et l'épée, le fleuret surtout.

Il est plus léger que l'épée. Puis le jeu de fleuret, en tant qu'exercice physique, présente pour vous surtout des avantages que n'a pas, du moins à pareil degré, le jeu d'épée, celui-ci étant souvent un jeu d'attente, de retenue, d'expectative.

Ce qui différencie les deux jeux, c'est moins la diversité des armes employées — au fleuret, une arme quadrangulaire et légère; à l'épée, une arme triangulaire et un peu plus lourde — que les conventions diverses admises dans les deux cas.

Au fleuret, il s'agit de toucher l'adversaire entre la ligne des clavicules et celle des hanches, et de le toucher en ne cherchant

Fig. 54. — Riposte de tierce, en se fendant après parade
de sixte ou de tierce.

Fig. 55. — L'élève pratique maintenant le fleuret de la main gauche.
Il faut être « ambidextre ». — Parade de tierce.

Fig. 56. — Revenons à la main droite, mais cette fois pour faire de l'épée. — Coup d'arrêt au bras, en rassemblant en arrière. Que de duellistes n'en feraient pas autant !

Fig. 57. — Toujours à l'épée : un coup hardi qui fait songer aux bottes secrètes : coup d'arrêt en échappant du pied gauche en arrière, avec effacement de la tête et du corps.

pas le coup de bouton à tout prix, mais en tâchant d'observer une certaine esthétique des armes. (Beaucoup de tireurs de fleuret s'écartent un peu trop de cette règle, soit dit en passant.)

A l'épée, tout compte, aussi bien à la main, à l'avant-bras, à la jambe qu'à la poitrine. Autrement dit, c'est comme en duel. Et, d'autre part, on y sacrifie davantage l'esthétique au résultat comme coup de bouton.

Bien entendu, un certain nombre d'amateurs cherchent à tirer le plus correctement possible avec une arme comme avec une autre.

Mais enfin, la quantité de touches est généralement plus recherchée encore à l'épée qu'au fleuret, au détriment de cette esthétique des armes qui s'impose particulièrement dans l'escrime féminine.

Cela dit, pour varier, vous pouvez, Mesdemoiselles, faire de temps à autre quelque assaut d'épée (1).

Mais surtout, je vous conseille, que ce soit au fleuret ou à l'épée, de faire alterner assez souvent votre main gauche avec votre main droite.

Pour vous, l'escrime étant avant tout un exercice physique, vous devez la cultiver d'une façon qui ne fasse pas travailler un côté du corps d'une façon excessive. Droitières, — pour supposer le cas de beaucoup le plus fréquent — il vous suffira de prendre à chaque leçon une reprise de la main gauche, pour vous équilibrer.

Lorsque vous arriverez à faire assaut, quelques minutes d'exercice de la main gauche devront alterner aussi avec des épreuves plus longues de la main droite (2).

-----

(1) Vous vous montrerez ainsi éclectiques en escrime, et vous pourrez... si vous en avez le loisir, scruter la fameuse querelle des fleurettistes et des épéistes intransigeants, qui ne veulent cultiver qu'une arme, pratiquer qu'un jeu.

Mais ne vous attardez pas à entendre des discussions sur ce sujet : elles n'en finissent pas. Pour vous, spécialement, ce serait en pure perte.

(2) Après avoir consulté différents professeurs, nous pensons qu'une reprise de la main gauche, sur trois reprises, est parfaitement suffisante. En assaut on n'obtient guère de nos « droitières » qu'elles tirent de la main gauche, sauf exceptions. Elles doivent se forcer un peu à ce sujet.

Quant au costume, surtout pour l'assaut, je rappelle qu'il faut des corsages spéciaux, suffisamment solides, et qu'une jupe courte complète d'une façon pratique et gracieuse le costume d'escrime féminine.

Le masque de salle d'armes doit être de treillis assez épais.

Avec des gants spéciaux et des sandales, vous achèverez de vous équiper.

A ces notions générales, à ces conseils pratiques, je joindrai quelques explications sur la façon de tenir le fleuret ou l'épée, sur la mise en garde, la marche en avant et en arrière, le développement, les attaques, les parades, les ripostes, etc.

Ces explications étant forcément un peu longues, bien que j'aie cherché à résumer autant que possible, je crois préférable de les reporter à la fin du volume, pour ne pas allonger ce chapitre outre mesure.

Voici, dès maintenant, une intéressante communication du professeur Hissard, le maître bien connu, qui a eu nombre d'élèves féminines.

En général, c'étaient des jeunes filles dont la croissance ne s'accomplissait pas bien.

Il a constaté les heureux effets, à ce point de vue, pour elles comme pour les garçons, de l'escrime pratiquée des deux mains.

Il ajoute que pour le professeur ces « leçons hygiéniques » sont plutôt ingrates, difficiles à donner, car il faut, tout en évitant de fatiguer les débutants, leur apprendre assez d'escrime pour les intéresser à ce sport, à cet art, — sans quoi les élèves, spécialement des jeunes filles, se rebuteraient aisément.

Il faut que le professeur s'intéresse vraiment à ses élèves, et se sente heureux de leurs progrès, moins au point de vue de l'adresse aux armes, qu'à celui de leur santé et de leur développement physique.

L'AUTOMOBILE

Célébrer la vogue de l'auto, constater ses nombreuses conséquences de diverses sortes, ce serait un exorde banal.

Sans autre préambule, disons simplement que plusieurs raisons justifient le nombre devenu si grand des femmes qui montent en auto. Innombrables même sont celles qui adoptent ce genre de locomotion..... lorsque leurs moyens le leur permettent. Quant aux chauffeuses proprement dites, il est plus facile de les compter.

Au lieu des lourds et disgracieux véhicules du début, inélégants, incommodes, mal odorants, et exposant à des pannes trop fréquentes, on sait quelles merveilles de bon goût et de confort réalisent aujourd'hui nos grands constructeurs.

Bien entendu, les joies spéciales que donne la locomotion nouvelle sont éprouvées aussi par nos chauffeuses, jusque et y compris la griserie de la vitesse, dont elles doivent, comme eux, se méfier quelque peu.

La duchesse douairière d'Uzès qui, des premières, passa l'examen de conducteur d'automobile, conta en ces termes à un rédacteur du *Gil Blas* ses impressions de chauffeuse :

Les impressions que j'ai ressenties ? me demandez-vous ; elles ont été délicieuses. C'était d'abord d'aller à l'allure qui me plaisait, de dépasser vite, vite, les autres voitures assez adroitement pour ne pas les accrocher, puis, aussi, le plaisir de pouvoir bientôt rouler sur les routes, si belles, de province, entre des allées d'arbres aux senteurs diverses qui nous procurent des sensations bien faites pour plaire aux âmes artistes adorant la nature...

Et je vous assure que toutes ces idées me donnaient la force et le sang-froid nécessaires pour mener à bien mon examen, qui m'a, je vous assure, semblé bien court, trop court même.

Pour terminer, je vous dirai que mon exemple sera suivi, j'en suis persuadée, par la plupart des femmes de l'aristocratie parisienne.

On pouvait croire alors, en effet, que beaucoup de Parisiennes deviendraient chauffeuses. Les voitures de cette époque-là — qui n'est pas loin, mais les inventions se sont succédé rapidement — étaient plus faciles à conduire pour une femme, à cause de leurs dimensions restreintes et de leur manque de vitesse.

Ces voitures, trop petites, manquant de confortable, ne devaient pas tarder à se démoder, à être remplacées par les créations nouvelles qui ont assuré la réputation de nos constructeurs.

Avec les grandes carrosseries qui se font maintenant, avec les vitesses que l'on obtient, on a réalisé de surprenants progrès; mais elles sont plus fatigantes, plus délicates à conduire; — si bien que les chauffeurs amateurs eux-mêmes laissent généralement le soin de les diriger à des mécaniciens professionnels.

En général, il faut une pratique constante pour se bien habituer à la tension d'esprit spéciale que demande la conduite des autos.

C'est ainsi que l'on acquiert un sang-froid, une présence d'esprit de tous les instants, qui se fait sentir comme d'une façon instinctive en face d'un obstacle subit.

Théoriquement — et même pratiquement, si l'on n'avait à se diriger que sur une route déserte — ce ne serait pas long d'apprendre à conduire une auto; car on connaît en peu de temps le maniement du clavier spécial qui se trouve sous les mains et les pieds du conducteur.

Mais surviennent les obstacles, les difficultés nombreuses de la circulation, et la théorie ne suffit plus.

*
* *

Diriger une auto, c'est pour ainsi dire conduire un pur sang excessivement rapide, en employant les *manettes* et les *pédales* comme on se sert des « aides » en équitation et les *leviers* ou le *volant* comme on se sert des rênes. D'autre part, on a constamment le regard en éveil, en observant la voie qui s'allonge devant soi, de même que l'on regarde avec attention entre les oreilles d'un cheval dont on redoute les écarts.

Le volant donne la direction, et le levier de changement de vitesse correspond, dans ses effets, aux trois allures du cheval.

Et, de même que dans chaque allure, on peut obtenir des vitesses différentes, on parvient, en auto, à ce même résultat au moyen des manettes — en réglant *l'avance à l'allumage* et *l'admission des gaz* — ou des pédales — en *débrayant* et en *freinant*.

Ajoutons qu'il faut aussi, après la course, savoir soigner une auto comme on soigne, comme on bouchonne un cheval. Et ne fût-ce qu'à ce point de vue, pour graisser à fond vos voitures, vous conviendrez aisément, Mesdemoiselles et Mesdames, que vous avez besoin d'un aide.

Fig. 50.

Je ne vous vois pas salissant vos blanches mains dans ce travail, après vous être affublées d'un costume *ad hoc*, peu esthétique pour vous.

Même pour conduire, le plus sage, de votre part, est de confier la direction de l'auto à un professionnel, tout en ayant appris les éléments théoriques du métier.

Est-ce à dire que vous n'utiliserez pas l'étude ainsi faite? Vous saurez, au contraire, en tirer parti en divers cas.

Votre chauffeur peut avoir un accident.

D'autre part, il est bon que vous connaissiez le mécanisme pour ne pas être le jouet des fantaisies du mécanicien, pour éviter — que l'on me permette cette expression familière — de se laisser « raconter des histoires » par ce potentat de la voiture, au sujet d'accidents imaginaires.

Vous voyant au courant, il ne sera pas tenté de créer facilement des pannes artificielles (1).

Vous ne serez pas en état de réparer un accident; mais vous pourrez vérifier si d'abord..... il

---

(1) En dehors de toute question d'ordre technique, permettez-moi de livrer l'anecdote suivante à vos méditations.

Entre Tours et Blois, une dame très connue dans les milieux artistiques voit son mécanicien stopper et lui annoncer une panne indéfinie... si elle ne réglait immédiatement ses gages en retard. Il fallut s'exécuter. Vous ne vous exposerez jamais, j'en suis sûr, à des accrocs de ce genre.

existe réellement. Il vous serait facile de vous rendre compte si les précautions ont été bien prises, s'il y a de l'huile dans le *graisseur*, de l'eau dans le *radiateur*, si la pompe fonctionne bien, si la *magnéto* marche à pleine puissance, si les quatre cylindres explosent à leur tour, si les bougies ne sont pas encrassées, si les *rupteurs* manœuvrent à souhait, si le *carburateur* n'est pas obstrué, et enfin, vous n'oublierez pas cette cause de panne qui a sévi sur tant de chauffeurs à leurs débuts, vous regarderez si l'on n'a pas oublié tout simplement..... de mettre de l'essence !

* *

Tenez-vous absolument à conduire ? Voici, en somme, ce que vous devez vous rappeler :

Le *moteur* étant *débrayé*, le contact électrique étant mis, lancer le moteur au moyen de la manivelle spéciale de mise en marche — ce qui demande un coup de main spécial (quelques voitures sont bien munies d'un dispositif particulier; mais jusqu'ici on n'en a pas trouvé un seul qui satisfasse absolument);

Monter sur le siège et régler l'allumage du moteur au moyen des manettes;

Saisir de la main gauche le volant de direction

— de la main droite le levier de changement de vitesse, appuyer le pied sur la pédale de débrayage, passer en première vitesse, embrayer doucement et partir.

Peu à peu, recommencez le même mouvement du pied et de la main pour passer en deuxième, puis en troisième vitesse, et au besoin en quatrième vitesse — si ce besoin est réel — tout en maintenant la voiture au moyen du volant dans la bonne voie sans accrocher ni déraper.

En cas d'obstacles subits, débrayez aussitôt et arrêtez la voiture en faisant agir soit le frein à pédale, soit le frein à main.

*
* *

Pour préciser le nombre des Parisiennes qui ont désiré obtenir, après examen, le droit de conduire une auto, nous avons cherché des renseignements officiels.

Une soixantaine d'entre elles, paraît-il, ont passé avec succès l'examen nécessaire. (De plus, une soixantaine de femmes motocyclistes sont autorisées à circuler dans Paris....., mais n'en abusent pas !)

Parmi les chauffeuses, citons Mmes la princesse

Murat, baronne de Zuylen, comtesse Hermann de Pourtalès, vicomtesse de Savigny-Moncorps, de Yturbe, Ed. Périer, Camille du Gast, Gobron, Georges Richard, comtesse de Béarn, Henri Rochefort,

Fig. 59. — Mlle Germaine Bocandé.

Le Blon, Boyer, Archdeacon, Lambert, Jolivet, Cohen, etc.; Mlle Germaine Bocandé, Mlles de Louvencourt, Mlle Bouloumié, Mlle Noilhan, etc.

Mlle Yahne, l'actrice si connue, fut des premières à manier le volant.

Une artiste couronnée aux fêtes fleuries de Nice, Mlle Jane Dhasty, se distingue aussi comme chauffeuse. Elle a les palmes académiques, et s'il y avait un ordre du Mérite..... automobiliste !

Même distinction reviendrait sans doute à Mlle Anna Held, qui lança naguère un défi à toutes les chauffeuses américaines.

Rappelons que Mme Bob-Walter, décédée au commencement de 1907, dirigeait un garage, avenue de la Grande-Armée.

Elle avait eu maille à partir avec la justice de son pays, comme tant de chauffeurs ! — et, d'un peu plus, après avoir été condamnée à Versailles, elle eût dû se constituer prisonnière..... Mais elle fit appel, plaida spirituellement sa cause, et fut acquittée par les juges parisiens.

*
* *

En Angleterre, s'est fondé un cercle de chauffeuses, le « Ladies' Automobile Club », sous la présidence d'honneur de la reine Alexandra.

Ce club siège au Claridge's Hotel et est très prospère. Il compte des centaines de membres.

Le comité organise de très belles excursions en groupes.

Son bureau se compose de ferventes automobilistes telles que lady Beatrix Rawson, qui eut l'initiative de la fondation du cercle, en 1903.

A la tête du comité on élut comme présidente la duchesse de Sutherland, et comme vice-présidentes, lady Cecil Scott Montagu, lady Beatrix Rawson, Miss Gerard Leigh et lady Edward Spencer Churchill.

*
* *

Nombre d'actrices anglaises et américaines sont chauffeuses.

A Londres, une des plus connues est Miss Marion Winchester, que l'on a surnommée « La Reine des Sucres », à la suite d'opérations de Bourse qui lui ont valu la forte somme.

La fortune vient en chauffant..... et en jouant; mais gare les pannes..... et les krachs !

CHAPITRE COMPLÉMENTAIRE

NOTES D'HYGIÈNE

Faire de la gymnastique rationnelle, pratiquer des exercices sportifs, c'est excellent; mais cela ne dispense pas, bien entendu, d'observer certains principes élémentaires d'hygiène.

Heureusement, ils deviennent de plus en plus connus.

D'autre, part, ce serait plutôt à des lecteurs qu'à des lectrices qu'il serait utile d'en rappeler quelques-uns et de recommander, par exemple, d'éviter les excès de table, les veilles prolongées, etc.

Chaque personne doit s'observer, se faire une expérience personnelle, et voir notamment ce qui lui convient le mieux et dans quelle mesure, pour l'alimentation.

Le logement où l'on habite doit être assez spacieux, bien aéré et bien éclairé.

On doit chercher, autant que faire se peut, à

renouveler l'air, les provisions d'oxygène vivifiant.

Ainsi que le grand air, on doit rechercher la lumière, dont nous n'avons pas moins besoin que les plantes.

On sait que la bienfaisante clarté du soleil donne à la fois santé et joie : deux choses qui se tiennent, qui sont la conséquence l'une de l'autre.

De même que la santé est inspiratrice de bonne humeur, il faut constater ce que l'on a appelé « l'hygiène de la joie ».

C'est particulièrement visible chez les enfants : on sait les heureux résultats pour leur santé des jeux où ils s'amusent si franchement.

*
* *

Nous avons déjà parlé de l'hydrothérapie et de ses excellents effets complétant ceux de l'exercice.

Comme l'explique la *Gymnastique pour tous* :

« Sur le fonctionnement de la peau, l'exercice a une évidente influence, surtout lorsqu'il se manifeste par une transpiration plus ou moins abondante.

Mais même sans cet effet particulièrement visible, l'exercice actionne la peau d'une façon efficace et d'autant plus utile qu'elle forme un véritable organe, et qu'elle contribue, comme les poumons et les reins, à l'élimination de produits nuisibles pour l'organisme.

Surtout s'il est complété, comme il doit l'être, par des soins d'hydrothérapie, de lavage, de frictions, l'exercice méthodique a la meilleure influence sur le fonctionnement de la peau. »

Le lavage général et quotidien (sauf exceptions), précédé d'une série d'exercices et suivi de frictions destinées à faciliter la réaction et à activer la circulation du sang, donne une saine et parfaite sensation de bien-être. « Ablutions et frictions stimulent et calment les nerfs tout à la fois. Cela actionne et régularise tout le fonctionnement de l'organisme. »

*
* *

Pour diverses questions d'hygiène, il faut distinguer selon les cas, selon les tempéraments ; et il est bon, à cet égard, de prendre l'avis de son médecin.

Au sujet des vêtements, disons simplement qu'ils doivent être assez amples pour ne pas gêner les mouvements.

Sur l'emploi du corset, contre cet emploi, nous avons donné deux avis documentés. On a même évoqué la Vénus de Milo, qui n'en portait point, de corset. Cependant elle a séduit tous les critiques d'art !

CODE DE LAWN-TENNIS

Le titre premier de ce code est relatif aux championnats organisés par l'U. S. F. S. A.

Avec le titre II commence l'explication des règles du jeu.

TITRE II

Règles du Jeu.

I. — *Jeu simple à deux joueurs.*

ARTICLE PREMIER. — Pour les parties à deux joueurs le *cours*
doit mesurer 23^m,80 de longueur sur une largeur de 8^m,23. Il
est divisé, en deux parties égales dans sa largeur, par le *filet*, dont
les extrémités sont portées par deux poteaux PP fixé dans le sol, en
dehors du cours, à une distance de 0^m,91 des lignes de côté. La hauteur du filet doit être de 1^m,06 aux poteaux et de 0^m,91 1/2 au
centre.

A chaque extrémité du cours, à une distance de 11^m,90 du filet
et parallèlement à celui-ci, on trace les *lignes de fond AB* et *CD*,
dont les extrémités vont rejoindre les *lignes de côté AC* et *BD*.

Les deux points de repère K et L marquent les milieux des
lignes de fond.

De chaque côté du filet, et parallèlement à celui-ci, à une distance de 6^m,40 on trace les *lignes de service EF* et *GH*.

Enfin, les milieux de ces dernières lignes sont reliés par la *ligne de demi-cours MN*.

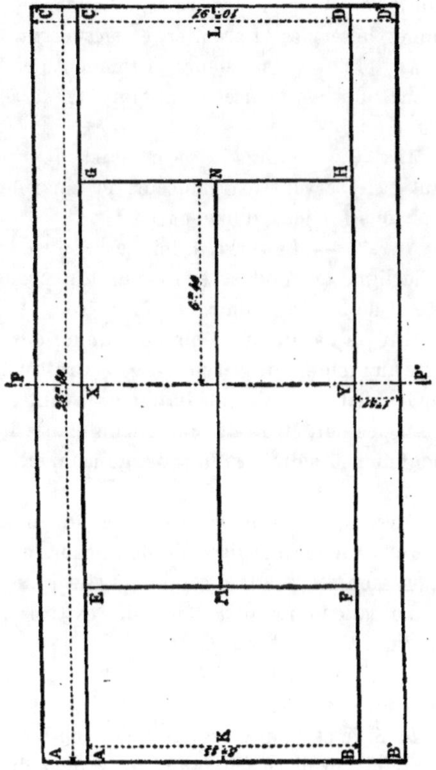

Art. 2. — Les *balles* ne doivent pas mesurer moins de 0ᵐ,0637 et plus de 0ᵐ,065 de diamètre et ont un poids minimun de 53 grammes, maximum de 57 grammes.

Art. 3. — Les décisions de l'*arbitre* sont sans appel. Toutefois, si un *juge-arbitre* a été désigné d'avance, les joueurs peuvent en appeler à lui des décisions de l'arbitre sur tout point concernant l'interprétation des règles. Le juge-arbitre juge sans appel.

Art. 4. — Le sort décide du choix du *côté* et de la priorité du *service* (¹) dans le premier jeu, de telle sorte que, si le gagnant choisit le côté qu'il préfère, il abandonne, par ce fait, le droit de donner le service le premier, et *vice versa*.

Art. 5. — Les joueurs se tiennent de chaque côté du filet. Le joueur qui commence se nomme le *servant*, son adversaire le *relanceur*.

Art. 6. — Après le premier jeu, le relanceur devient le servant et le servant le relanceur, et ainsi de suite, alternativement pour tous les jeux d'une partie.

Art. 7. — Le servant doit servir avec les deux pieds en arrière de la ligne de fond et en dedans du prolongement des lignes de côté et de la ligne centrale de service.

Il n'y a pas faute du moment qu'un des pieds du servant touche terre au moment du service. Le servant marquera un temps d'arrêt sur les deux pieds immédiatement avant de servir (c'est-à-dire que le service doit être fait sans aucun élan); il doit servir alternativement du cours droit et du cours gauche, en commençant par le cours droit.

Art. 8. — La balle de service doit tomber dans l'espace compris entre le filet, la ligne de demi-cours et la ligne de côté du cours opposé en diagonale à celui d'où elle a été servie.

La balle tombant *sur* l'une de ces trois lignes est bonne.

Art. 9. — Il y a *faute* :

a) Si le service a été donné du cours droit, au lieu du cours gauche, et *vice versa* ;

b) Si le servant n'est pas placé comme il est stipulé à l'article 7. Toutefois, il n'y a pas faute, si le pied du servant en arrière de la ligne du fond est levé au moment du service ;

c) Si la balle de service ne passe pas le filet ;

d) Si elle touche en dehors des limites prescrites à l'article 8, même après avoir effleuré le haut du filet;

e) Si, en servant, la balle est touchée par la raquette de quelque manière que ce soit.

---

(1) On appelle *service* l'acte de mettre la balle en jeu.

Art. 10 — On ne relève pas une balle fautive.

Art. 11 — Après une faute, le servant a droit à un second service. Il ne change pas de cours pour le donner, excepté si la faute provenait d'une erreur de cours (art. 9. *a*).

Art. 12. — Une balle est réputée *bonne*, tant que l'arbitre, ou s'il n'y a pas d'arbitre, le relanceur, ne l'a pas déclarée *faute*. Cette déclaration ne peut plus être faite après que le service suivant a été donné.

Art. 13. — La balle de service ne peut en aucun cas être prise de *volée* (1) par le relanceur.

Art. 14. — On ne doit servir que si le relanceur est prêt. Si ce dernier essaye de relever le service, il est réputé avoir été prêt.

Art. 15. — La balle est en *jeu* ou *bonne* depuis le moment où elle a été servie, sauf :

a) Si elle est à remettre ;

b) S'il y a faute.

La balle cesse d'être en *jeu* :

a) Si le relanceur prend le service de volée ;

b) Si la balle tombe en dehors du cours ou dans le filet ;

c) Si elle touche un des joueurs, ses vêtements ou tout objet qu'il porte, sauf la raquette dans l'acte de frapper la balle ;

d) Si elle a été frappée plus d'une fois de suite par l'un ou l'autre des joueurs ;

e) Si elle a été prise de volée avant d'avoir passé le filet ;

f) Si elle n'a pas passé par-dessus le filet avant de toucher le sol pour la première fois (sauf le cas prévu par l'art. 17) ;

g) Si elle a fait deux bonds successifs, de quelque côté du filet que ce soit, même si le second bond était en dehors du cours ;

h) Si une balle servie ou relancée tombe dans le bon cours et fait un effet rétrograde ou est chassée par le vent par-dessus le filet, le joueur qui doit recevoir cette balle peut se pencher par-dessus le filet et jouer la balle, pourvu toutefois que ni lui, ni ses

______

(1) On appelle *volée* l'acte de renvoyer la balle avant qu'elle n'ait touché terre.

vêtements, ni sa raquette, ne touchent le filet ; s'il ne la joue pas, le coup bien entendu est compté bon à son adversaire, quoique la balle soit revenue par-dessus le filet.

Art. 16. — Le coup est à *remettre*, c'est-à-dire ne compte pas :

a) Si la balle de service touche le filet, le coup étant d'ailleurs régulier ;

b) Si le service (qu'il soit *bon* ou qu'il y ait *faute*) a été donné avant que le relanceur fut prêt ;

c) Si l'un ou l'autre des joueurs a été empêché par force majeure de donner le service ou de relever la balle en jeu.

Lorsqu'un coup est à *remettre*, il est annulé, et le servant donne un nouveau service. Un coup à remettre n'annule pas une faute précédente.

Art. 17. — La balle renvoyée est bonne, même si elle touche le filet, ou si, passant extérieurement aux poteaux, elle tombe *sur* ou à l'intérieur des limites du cours opposé.

Art. 18. — Le servant gagne un point si le relanceur :

a) Prend le service de *volée*, sauf si le coup est à *remettre* ;

b) Ne relève pas le service, sauf si le coup est à *remettre* ;

c) Ne relève pas la balle en jeu, sauf si le coup est à *remettre* ;

d) Renvoie la balle en dehors des lignes délimitant le cours de son adversaire ;

e) Ou se met dans un des cas prévus par l'article 20.

Art. 19. — Le relanceur gagne un point si le servant :

a) Fait deux fautes consécutives ;

b) Ne relève pas la balle en jeu (sauf si le coup est à *remettre*) ;

c) Renvoie la balle en dehors des lignes délimitant le cours de son adversaire ;

d) Ou se met dans un des cas prévus par l'article 20.

Art. 20. — L'un ou l'autre joueur perd un point :

a) Si la balle en jeu touche son corps, ou ses vêtements ou tout autre objet qu'il porte sur lui, sauf sa raquette dans l'acte de frapper la balle ;

b) S'il touche ou frappe plus d'une fois la balle avec sa raquette ;

c) Si, pendant que la balle est en jeu, le joueur touche le filet ou les poteaux soit de sa personne, soit de ses vêtements, soit de sa raquette, même si celle-ci n'est plus dans sa main ;

d) Ou s'il prend la balle de volée avant qu'elle ait passé le filet.

ART. 21. — Le premier point gagné par l'un ou l'autre joueur est compté 15, le second 30, le troisième 40 [1] et le quatrième *jeu*. Toutefois, si les deux joueurs ont gagné chacun 3 points, arrivant ensemble à 40, il sont *à deux* et le point suivant gagné par l'un des joueurs, se compte *avantage* pour lui. Si le même joueur gagne le point suivant, il gagne le *jeu;* si, au contraire, il le perd, les joueurs reviennent au point de *à deux* et ainsi de suite, jusqu'à ce que l'un ou l'autre joueur gagne deux points de suite : il gagne alors le *jeu*.

ART. 22. — La *partie* se compose de *six jeux*, le joueur qui le premier gagne six jeux, gagne la partie. Mais si les deux joueurs ont gagné chacun cinq jeux, ils sont à *deux de jeux*, et le jeu suivant, gagné par l'un des joueurs, se compte *avantage des jeux* pour lui. Si le même joueur gagne le jeu suivant, il gagne la partie ; si au contraire, il le perd, les joueurs reviennent à *deux de jeux* et ainsi de suite, jusqu'à ce que l'un ou l'autre joueur gagne deux jeux de suite : il gagne alors la *partie*.

Les joueurs peuvent convenir à l'avance de ne pas compter l'*avantage des jeux* et de décider la partie par le premier jeu gagné quand ils sont à *deux de jeux*.

ART. 23. — Les joueurs doivent changer de côté après les premier, troisième, cinquième, etc., jeux de chaque partie ; toutefois il leur est permis d'un commun accord et après en avoir prévenu l'arbitre avant de commencer le second jeu de la première part de ne changer de côté qu'à la fin de chaque partie, excepté pou finale dans laquelle ils doivent changer de côté à la fin des premier, troisième, etc..., jeux.

ART. 24. — Quand on joue plusieurs parties de suite, le joueur

---

(1) Abréviation pour 45.

qui était servant au dernier jeu d'une partie devient relanceur au premier jeu de la partie suivante.

II. — *Des avantages.*

ART. 25. — Les avantages consistent en points reçus ou dus en vue d'équilibrer les forces des joueurs.

Les systèmes par bisques et par quarts sont maintenant complètement abandonnés, on n'emploie plus que la méthode par sixièmes, dont voici le fonctionnement et les tables(1), s'il y a des points reçus :

a) 1/6 de 15 est un point donné au commencement du deuxième, huitième, quatorzième, etc., jeu d'une partie ;

b) 2/16 de 15 est un point donné au commencement du deuxième, quatrième, huitième, dixième, etc., jeu d'une partie ;

c) 3/6 de 15 est un point donné au commencement du deuxième, quatrième, sixième, huitième, dixième, etc., jeu d'une partie.

d) 4/6 de 15 est un point donné au commencement du deuxième, quatrième, cinquième, sixième, huitième, dixième, etc., jeu d'une partie.

e) 5/6 de 15 est un point donné au commencement du deuxième, troisième, quatrième, cinquième, sixième, huitième, neuvième, dixième, etc., jeu d'une. partie ;

f) 1/6, 2/6, 3/6, 4/6, 5/6 de 15 peuvent être donnés en plus d'autres points ;

g) 15 est un point donné au commencement de chaque jeu d'une partie ;

h) 30 est deux points donnés au commencement de chaque jeu d'une partie ;

i) 40 est trois points donnés au commencement de chaque jeu d'une partie.

ART. 26. — S'il y a des points dus :

a) 1/16 de 15 est un point dû au commencement du premier, septième, treizième, etc., jeu d'une partie ;

---

(1) Nous ne reproduisons pas les tables.

b) 2/6 de 15 est un point dû au commencement du premier, troisième, septième, neuvième, etc., jeu d'une partie;

c) 3/6 de 15 est un point dû au commencement du premier, troisième, cinquième, septième, neuvième, onzième, etc., jeu d'une partie;

d) 4/6 de 15 est un point dû au commencement du premier, troisième, cinquième, sixième, septième, neuvième, etc., jeu d'une partie;

e) 5/6 de 15 est un point dû au commencement du premier, troisième, quatrième, cinquième, sixième, septième, neuvième, dixième, etc., jeu d'une partie;

f) 15 est un point, 30 deux points, 40 trois points, etc., dus au commencement de chaque jeu d'une partie.

Art. 27. — *Demi-cours* (1). — Le joueur qui rend le demi-cours à l'autre ne peut mettre sa balle, pendant qu'elle est en jeu, que dans l'un des demi-cours désigné à l'avance, sous peine de perdre le point.

Art. 28. — La partie par jeux est la plus usuelle. Néanmoins on peut également marquer par points (100 au plus) sans revanche. Cette méthode est surtout utile pour les handicaps où la force des joueurs est très disproportionnée.

a) Le premier joueur sert six services consécutifs, le camp opposé sert également six services, et ainsi de suite alternativement. Un bon service ou une faute et un bon service, ou deux fautes, comptent comme un service;

b) Les joueurs changent de cours après les première, troisième, cinquième, etc., série de six services;

c) Quand deux joueurs jouant l'un contre l'autre reçoivent des points, ils comptent respectivement à partir des points reçus;

d) Le joueur arrivant le premier à 100 gagne la partie; toutefois, quand les deux joueurs sont à 99, l'un des deux pour gagner doit faire deux points consécutifs.

---

(1) Le *demi-cours* est l'espace compris entre le filet, la ligne de côté, la ligne de base et la ligne de milieu prolongée jusqu'à la ligne de base.

III. — *Jeu double (à trois ou à quatre joueurs).*

Art. 29. — Les règles qui précèdent s'appliquent également aux parties à trois ou à quatre joueurs, sauf les modifications ci-après.

Art. 30. — Pour les parties à trois ou à quatre joueurs, le cours mesure 10^m,97 de largeur. En dedans des lignes de côté, parallèlement à elles, et à une distance de 1^m,37, on trace les lignes de *côté de service* (A'C' et B'D'). Les *lignes* de service s'arrêtent aux points E et F, G et H. Pour le reste, le cours est semblable au cours décrit à l'article 1er.

On remarquera que le cours ainsi disposé peut servir indifféremment aux jeux double et simple.

Art. 31. — Dans les parties à trois joueurs celui qui fait *la chouette* (¹) donne le service alternativement un jeu sur deux, comme il est dit à l'article 7.

Art. 32. — Dans les parties à quatre joueurs, le camp auquel échoit, par le sort, le droit de servir le premier décide du partenaire qui commencera, et le camp adverse décide, de son côté, du joueur qui servira au deuxième jeu. Le partenaire du joueur qui a servi au premier jeu donne le service au troisième, et le partenaire du joueur qui a servi au deuxième donne le service au quatrième, et ainsi de suite, les joueurs donnant le service dans le même ordre dans chacun des jeux de la partie.

Art. 33. — Les joueurs donnent le service à tour de rôle pour chaque jeu. Il est interdit à un joueur de relever le service donné à son partenaire. L'ordre du service, une fois établi, ne peut être modifié, et les relanceurs ne peuvent changer de cours pour recevoir le service avant la fin de la partie.

Art. 34. — La balle de service doit tomber dans l'espace compris entre le filet, la ligne de service, les lignes de demi-cours et la *ligne de côté de service* du cours opposé en diagonale à celui d'où elle a été servie.

---

(1) Celui qui joue seul contre deux dans les parties à trois joueurs.

La balle tombant sur l'une de ces trois lignes est bonne.

Art. 35. — Il y a faute si la balle ne tombe pas dans les limites prescrites à l'article précédent ou si elle touche le partenaire du servant, ses vêtements ou tout objet qu'il porte.

Art. 36. — Si un joueur sert hors de son tour, aussitôt que l'erreur a été reconnue, l'arbitre rétablit l'ordre du service; mais les points marqués ou les fautes faites avant la constatation de l'erreur ne sont pas annulés. Si l'erreur n'est reconnue qu'après la fin du *jeu*, ce jeu reste acquis au gagnant, et l'ordre du service demeure interverti dans le camp qui avait commis l'erreur.

RÈGLES DU JEU DE GOLF

RÈGLES GÉNÉRALES

Telles qu'elles ont été revisées en 1900 par le Club de Saint-Andrews.

ARTICLE PREMIER. — *a*) Le jeu de golf est joué par deux ou plusieurs camps, chaque camp jouant sa balle. Le camp est d'une, de deux ou de plusieurs personnes.

b) Le jeu consiste en ceci : chaque camp joue sa balle à partir d'un *tee* dans la direction d'un trou au moyen de coups successifs et le trou est gagné par le camp qui y fait entrer sa balle en moins de coups, eu égard aux prévisions faites dans les règles ci-après. Si les deux camps gagnent le trou en le même nombre de coups, le trou est partagé.

c) Le *teeing-ground* (¹) sera marqué par deux signes placés sur une ligne coupant le champ en angle droit.

Les trous auront 0ᵐ,105 de diamètre et une profondeur d'au moins 0ᵐ,10.

d) Sous le nom de *putting-green*, on comprend le terrain ayant 20 mètres autour du trou, les *hazards* exceptés.

e) Un *hazard* est un *bunker* de n'importe quelle nature, eau (excepté de l'eau temporaire), sable, terre friable, taupinières, allées, routes,

---

(1) *Teeing-ground*, tertre de départ, pour chaque trou; *tee*, dé; c'est, d'ordinaire, un peu de sable sur lequel on met la balle avant de la frapper au « tertre du départ »; *putting-green*, pelouse d'arrivée où l'on doit « poter », jouer, mettre sa balle dans le trou; *hazard*, accident de terrain; *bunker*, banquette.

voies ferrées, fourrés, buissons, roseaux, garennes, haies, fossés, et tout ce qui ne constitue pas le *green* proprement dit, à l'exception du sable jeté sur l'herbe par le vent ou semé dessus pour la préservation des *links*, de la neige, de la glace et des plaques nues sur la piste.

f) *A travers le green* signifie toutes les parties du parcours excepté les *hazards* et le *putting-green* en but.

g) *Hors des limites* signifie hors des bornes définies et reconnues du parcours.

h) *Eau temporaire* veut dire n'importe quelle accumulation d'eau (de pluie ou autres), qui n'est pas un des *hazards* reconnus du parcours.

i) La balle est dite *en jeu* aussitôt que le joueur a frappé son coup sur le *tec* et elle reste *en jeu* jusqu'à ce que le trou en but ait été fait, excepté lorsqu'elle a été levée selon les règles.

j) La balle est *bougée* lorsque, à un degré quelconque, elle a changé sa position première pour s'arrêter à une autre, mais si un joueur touche sa balle et, ce faisant, la fait osciller sans qu'elle perde sa position première, la balle n'est pas considérée comme bougée dans le sens entendu par l'article 27.

k) Une balle est considérée comme perdue lorsqu'elle ne se retrouve pas au bout de cinq minutes de recherches.

l) Une tournée de links — dix-huit trous généralement — constitue un match, à moins de conventions spéciales. Le match est gagné par le camp qui a une avance de plus de trous qu'il n'en reste à jouer, ou par le camp qui remporte le dernier trou alors que la partie était égale au trou précédent. Si les deux camps ont gagné le même nombre de trous, c'est une partie divisée.

m) Un coup est tout mouvement du club produit par le joueur avec l'intention de frapper sa balle, excepté sur le tee, en adressant la balle (art. 4).

n) Un coup *d'amende* est un coup ajouté au nombre de coups du joueur, mais qui n'affecte pas l'ordre de rotation du jeu.

o) *Honneur* est le privilège d'être le premier à frapper la balle sur le tee.

p) *Adresser* la balle veut dire : faire les mouvements prépara-
toires du joueur avec l'intention de frapper la balle.

q) Le compte de coups s'établit en ces termes : *the odd* « plus »,
two more « deux de plus », *three more* « trois de plus » et ainsi de
suite, et *one off three* « moins trois », *one off two* « moins deux »,
the like « autant ». Pour le compte de trous, on dit : tant de trous
holed out « d'avance » ou *all even* « égalité », et tant de trous *to
play* « à jouer ».

Ordre de Jeu.

Art. 2. — La partie débute au premier *teeing-ground* où chaque
camp joue sa balle. Lorsque le match est à deux ou plusieurs par
camp, les partenaires frappent alternativement à partir des tee, et
de même pendant tout le parcours.

Le joueurs qui ont à frapper l'un contre l'autre sont nommés au
départ et continuent dans le même ordre pendant toute la partie.

Si l'on ne parvient pas à s'entendre pour savoir quel camp aura
le choix du départ initial, on consulte le sort.

Le joueur ne porte pas son coup du tee ni sur le devant, ni sur
les côtés des indices (*c*), ni à plus de deux longueurs de deux clubs
derrière eux. Toute balle jouée en dehors des limites du teeing-
ground ainsi défini peut être rappelée par le camp opposé.

Le camp qui gagne le trou a l'honneur et il peut rappeler le coup
du camp opposé qui n'a pas été joué dans l'ordre de roulement.

En commençant un nouveau match, le gagnant du match précédent a l'honneur. Si la première partie a été partagée, le gagnant
du dernier trou remporté a l'honneur.

Sur le Tee.

Art. 3. — Il est défendu de frapper une balle qui bouge (*j*)
sous peine de la perte du trou en but. Mais si la balle bouge au
moment de lever ou de baisser le club, on est exempt de toute
amende, excepté dans le cas prévu par les articles 10, 18 et 27, et
un coup perdu d'après l'article 27 ne sera pas compté dans ces circonstances comme amende.

Art. 4. — Si une balle tombe du tee, pendant que le joueur l'adresse, il n'y a pas d'amende. On peut la remettre de nouveau et même la frapper si elle bouge.

Art. 5. — Dans une partie à quatre, les partenaires, sous peine de la perte du trou en but, frappent du tee tour à tour et continuent à frapper ainsi dans tous les coups pendant la partie.

A travers le Green.

Art. 6. — Après que les balles ont été frappées au tee, c'est la balle la plus éloignée du trou en but qui doit être jouée première, à moins d'autres prévisions dans les règles. Si l'un des camps se trompe dans son tour de jouer, l'autre camp peut rappeler le coup avant de jouer lui-même. Une balle ainsi rappelée est levée et laissée choir selon l'article 16.

Art. 7. — La balle doit être frappée franchement et non pas poussée, frottée, ou enlevée à la cuillère, sous peine de perte du trou.

Art. 8. — Il faut jouer la balle de là où elle gît ou bien abandonner le trou, à moins de prévision faite dans les règles.

Art. 9. — Sauf avec le consentement de l'adversaire, toute balle frappée au tee ne peut être changée, touchée ou bougée avant que la balle n'ait été faite dans le trou en but, autrement on est passible d'une amende d'un coup, à moins d'autres prévisions faites dans les règles. Si la balle du joueur déplace celle de son adversaire, celui-ci peut, s'il le veut, laisser choir une autre balle aussi près que possible d'où la première se trouvait, et ceci sans amende, mais seulement avant qu'un autre coup ait été frappé.

Art. 10. — En jouant à travers le green, il est permis d'enlever les empêchements lâches qui peuvent se trouver à une longueur de club d'une balle ne gisant point dans un *hazard* et ne le touchant point, mais on est puni d'un coup si on enlève ces empêchements lâches à une distance plus grande de la balle qu'une longueur de club, et on perd le trou si la balle du joueur bouge après que ledit empêchement a été touché par le joueur ou par son partenaire ou par leurs caddies.

ART. 11. — S'il arrive qu'un objet de poterie, une brouette, un outil, un rouleau, une tondeuse, une caisse ou quelque chose de semblable se trouve sur le green, cette obstruction peut être enlevée. Lorsqu'une balle est gisant sur une pareille obstruction, ou la touchant, ou lorsqu'elle repose sur des vêtements, sur des filets ou sur un emplacement remué pour travaux, béants ou couverts, on peut lever la balle et la laisser choir sans amende aussi près que possible d'où elle se trouvait, mais sans l'approcher du trou en but. Dans ces mêmes circonstances, une balle levée dans un *hazard* doit être laissée choir dans le *hazard*. On lève et on laisse choir aussi près que possible d'où elle est tombée toute balle gisant dans un trou de golf, dans un trou de drapeau ou dans un trou quelconque fait par le green-keeper.

ART. 12. — Avant de frapper sa balle, le joueur ne bouge, ne plie, ne casse aucun objet fixe ou végétant près de la balle, si ce n'est dans l'acte de placer ses pieds sur le sol afin d'adresser sa balle ou dans l'acte de disposer son club afin d'adresser sa balle ; autrement, il est puni de la perte du trou sauf les prévisions faites par les règles.

Hazards.

ART. 13. — Lorsqu'une balle gît dans un *hazard* ou qu'elle se trouve en contact avec lui, le club ne touche pas le sol et *rien* n'est touché ou bougé avant que le coup ait été donné, excepté :

1° Que le joueur peut placer ses pieds fermement sur le sol afin d'adresser sa balle ;

2° En adressant la balle ou en levant le club ou le baissant, le joueur peut toucher sans amende l'herbe de toute sorte, buisson ou roseaux, murs, ou n'importe quel autre obstacle fixe ;

3° Des marches ou des planches placées dans un *hazard* par le comité du green pour faciliter l'accès d'un *hazard* peuvent être enlevées et si, dans l'acte de les enlever la balle bouge, on peut la remettre en place sans amende.

4° Tout empêchement lâche peut être enlevé sur le putting-green ;

5°. Le joueur doit, sous peine de la perte d'un trou en but, se conformer à l'article 30, quand il sera en train de chercher sa balle.

Art. 14. — Le joueur ou son caddie ne peut déprimer ou enlever aucune irrégularité de la surface dans le voisinage de la balle, excepté sur le teeing-ground, autrement la punition sera la perte du trou en but. On peut enlever, sans les déprimer, les taupinières, le fumier et les rejets de verres, de terre, sans amende.

Faire choir une Balle.

Art. 15. — Si une balle gît dans l'eau ou se perd dans l'eau, le joueur peut laisser choir une autre balle, mais il est puni d'un coup. Mais si la balle gît ou se perd :

1° Dans de l'eau temporaire à travers le green, on peut faire choir une balle sans amende ;

2° Dans de l'eau dans un *hazard*, ou dans de l'eau temporaire dans un *hazard*, on peut faire choir la balle derrière le *hazard* sans amende ;

3° Sur le putting-green on peut placer de la main une balle derrière l'eau sans amende.

Art. 16. — Lorsqu'il y a laisser choir une balle levée, c'est le joueur lui-même qui le fait. La face tournée vers le trou en but, il se tient droit derrière le *hazard* ou l'eau temporaire. Il établit lui-même une ligne entre l'endroit où la balle a été levée et le trou en but, et il laisse choir la balle derrière lui, par-dessus sa tête, en ligne verticale. Ce faisant, il se tient derrière le *hazard* aussi loin qu'il lui plaît. Si la balle a été levée d'une eau courante, le point où elle y est entrée est de même pris en considération.

S'il est impossible de faire choir derrière le *hazard* ou l'eau temporaire, on la fait choir aussi près que possible d'où elle est tombée ou d'où elle est entrée dans l'eau, mais sans l'approcher du trou en but.

Si en faisant choir la balle elle touche le joueur, il n'est passible d'aucune amende et si, dans les mêmes circonstances, la balle roule de nouveau dans un *hazard*, on peut la faire choir de nouveau sans amende.

Le Putting-Green.

Art. 17. — Lorsque les balles, au cours de la partie, se trouvent à 0^m,15 l'une de l'autre — mesure prise de leur point le plus rapproché — on lève la balle la plus voisine du trou jusqu'à ce que l'autre ait été jouée, puis on la remet aussi exactement que possible à sa place et, si ce faisant, on dérange par accident la balle la plus éloignée du trou, on la remettra en place. Si le lit de la balle levée souffre quelque altération par le fait du jeu de l'adversaire, on replace la balle sur un lit voisin et pareil autant que possible au lit duquel elle a été dérangée, sans l'approcher du trou en but.

Art. 18. — Tous les empêchements lâches peuvent être enlevés du putting green, à l'exception de la balle de l'adversaire lorsqu'elle est distante de plus de 0^m,15 de celle du joueur. On est passible de la perte du trou en but si on enlève un empêchement lâche quelconque hors du putting-green se trouvant à plus d'une longueur de club de la balle du joueur. La balle de l'adversaire ne peut-être déplacée que conformément à l'article 17. Si la balle du joueur bouge, après qu'un empêchement quelconque gisant à moins de 0^m.15 a été touché par le joueur, par son partenaire ou par un de leurs caddies, il est passible de l'amende d'un coup.

Art. 19. — Le joueur ou son caddie peut enlever, mais non pas déprimer le sable, la terre, les rejets de verres, de terre, la neige, dans le voisinage du trou ou dans la ligne du putt. Ceci est fait en brossant légèrement avec la main en *travers* du putt et non pas le long du putt. Le fumier peut être repoussé de côté par le moyen d'un club de fer, mais le club ne devra appuyer sur le sol que de son poids seul, la ligne du putt n'est pas touchée du club, de la main ou du pied, excepté comme il est autorisé ci-dessus, ni sur le devant immédiat de la balle dans l'acte de s'adresser à elle ; autrement on est puni de la perte du trou en but.

Art. 20. — Lorsque la balle est sur le putting-green, on ne place aucun indice, on ne trace aucune ligne pouvant servir de point de repère ou de conduite. La ligne vers le trou peut être indiquée, mais celui qui l'indique ne devra toucher le sol ni avec son club, ni avec la main. Il est permis au joueur de placer debout près du trou son caddie ou celui de son partenaire, mais aucun des joueurs ou de leurs caddies ne doit combiner ses mouvements de façon à exposer la balle à l'action du vent ou à l'en abriter.

Art. 21. — Est puni de la perte d'un coup, le joueur qui joue avant que la balle de son adversaire ait cessé de rouler.

Art. 22. — Tout joueur a le droit de faire enlever le drapeau du trou en s'y approchant. Si la balle reste contre la tige du drapeau, le joueur fait enlever le drapeau et si la balle tombe dans le trou, celui-ci lui est acquis.

Si la balle du joueur fait entrer la balle de l'adversaire dans le trou, celle-ci est comptée comme faite par le coup précédent.

Si la balle du joueur déplace celle de l'adversaire, celui-ci a la faculté de la remettre où elle était ou de la laisser où elle se trouve, mais seulement avant qu'un autre coup ait été joué.

Si la balle d'un joueur s'arrête sur la place occupée par celle de son adversaire, l'ayant déplacée en jouant et si son adversaire veut la remettre à sa place, le joueur doit jouer son prochain coup et son adversaire remet alors sa balle à sa place et jouera.

Si la balle de l'adversaire reste sur le bord du trou, le joueur, après avoir fait le trou, peut chasser la balle de son adversaire et réclamer le trou entier ou la moitié s'il y a lieu, pourvu que sa propre balle n'ait mis en mouvement celle de l'adversaire et l'ait mise dans le trou en but.

Si la balle de l'adversaire après que celle du joueur est dans le trou y tombe, même sans que l'adversaire y ait touché, celle-ci est comptée comme faite par le coup précédent.

Art. 23. — Tout ce qui peut arriver par accident à une balle en mouvement tel que sa déviation ou son arrêt par un agent quelconque étranger au match ou par le caddie envoyé en éclaireur constitue un *rub of the green* et la balle doit être jouée du point où elle gît. S'il arrive que la balle se loge dans quelque chose qui se meut, cette balle ou une autre balle, en cas d'impossibilité de recouvrer la balle logée, est déposée aussi près que possible de l'endroit où se trouvait l'objet mouvant lorsque la balle s'y est logée. Mais si une balle au repos est déplacée par un agent quelconque étranger au match, le joueur doit laisser choir cette balle ou une autre aussi près que possible du point où elle gisait. Sur le putting-green on peut replacer les balles de la main, sans amende.

Art. 24. — Si la balle frappe un adversaire, son caddie ou ses clubs, ou si elle est mue, même accidentellement par eux, l'adversaire perd le trou.

Art. 25. — Si la balle du joueur le touche lui-même, son partenaire ou un de leurs caddies ou leurs clubs ou si elle est arrêtée par l'un d'eux, son camp perd le coup.

Art. 26. — Si un joueur en jouant frappe sa balle deux fois, il est passible de l'amende d'un coup.

Art. 27. — Si un joueur hormis dans l'acte de porter le coup ou son partenaire ou l'un de leurs caddies touche la balle de leur camp ailleurs qu'au tee, de façon à la bouger, ou si en touchant quoi que ce soit, ils la font bouger, leur camp est puni d'un coup; si une balle en jeu bouge (j) après que le joueur a touché le sol en l'adressant, ou dans un *hazard*, si le joueur est sur le point de la frapper, un coup en plus lui est compté, excepté dans le cas prévu par l'article 3.

Se trompant de Balle.

Art. 28. — Le camp d'un joueur perd le trou si le joueur joue la balle de l'adversaire, à moins que :

1° L'adversaire ne joue de suite la balle de celui qui s'est d'abord trompé, auquel cas la pénalité est remise et il faudra vider la partie jusqu'au trou en but avec les balles ainsi échangées à moins que :

2° La confusion ne se soit produite par suite d'une information

erronée fournie par l'adversaire, auquel cas l'erreur, si elle se découvre, avant que l'adversaire ait joué, est rectifiée en plaçant une
balle aussi près que possible du point où gisait la balle de l'adversaire.

Si, avant tout début au tee par les deux camps, on découvre
qu'un des camps a joué le trou précédent avec la balle d'un tiers,
non engagée dans le match, ce camp-là perd le trou en but.

Balle perdue.

ART. 29. — Si une balle est perdue, le joueur perd le trou en
but, excepté dans les cas prévus par les règles. Si les deux balles
sont perdues, le trou est partagé.

ART. 30. — Si une balle se trouve complètement recouverte par
de l'herbe couchée, des broussailles traînantes, etc., on n'en écarte
et on n'en touche que ce qu'il faut pour que le joueur puisse aper-
cevoir sa balle avant de jouer, que ce soit dans la ligne directe
du trou ou autrement. Si la balle dépasse les bornes des links, on
la laisse choir et on la joue de nouveau sans amende de l'endroit
où elle fut jouée avant.

Lever une Balle.

ART. 31. — Dans un match à trois balles, lorsqu'un des joueurs
considère qu'une des balles des adversaires sur le putting-green
pourrait le gêner à un degré quelconque, il peut sommer l'adversaire de la lever ou de la jouer, à sa discrétion.

Si un des joueurs considère que, si en laissant sa balle où elle
gît, elle pourrait favoriser son adversaire, il peut :

1° Ou la lever, ou la jouer, à discrétion ;

2° Que la balle d'un des adversaires pourrait favoriser un troisième, il peut sommer celui-là de la lever ou de la jouer, à la discrétion de celui à qui la balle appartient.

ART. 32. — Est puni de la perte du trou en but le joueur qui
demande conseil ou qui sciemment reçoit avis, quant à la partie,

par coup d'œil ou geste de quiconque autre que son caddie, son partenaire ou le caddie de celui-ci.

Balles Fendues

ART. 33. — Si une balle se brise en morceaux séparés, on peut déposer une autre balle au point où gît le fragment le plus volumineux, ou si deux morceaux sont apparamment de même grandeur, le joueur a la faculté de poser la balle à la place de l'un ou de l'autre.

Lorsqu'une balle se fend et devient injouable, le joueur peut la changer à condition d'avertir son adversaire.

La boue adhérente à une balle ne change en rien les règles générales du jeu.

Différends.

ART. 34. — En cas de différend sur un point quelconque, les joueurs ont le droit de déterminer le tiers ou les tiers auxquels il en est référé ; mais s'il n'y a pas d'accord, l'un ou l'autre camp peut porter son cas devant le Comité des Règles et la décision de ce Comité sera finale. Si le différend a trait à quelques points non couverts par les règles du golf, les arbitres décident d'après l'équité.

RÈGLES SPÉCIALES POUR LA PARTIE

dite MEDAL PLAY

I. — Dans les concours des Clubs, le gagnant est celui des concurrents qui achève la tournée stipulée en le plus petit nombre de coups.

II. — S'il arrive que deux ou plusieurs concurrents aboutissent au même nombre minimum de coups, la partie ainsi égale est tranchée par une autre partie jouée le même jour ou un autre jour, selon le désir du capitaine ou, en son absence, du secrétaire.

III. — Des trous neufs sont pratiqués pour la tournée de la médaille et ces trous, une fois faits, il n'est permis à aucun membre de jouer un seul coup sur le putting-green avant le concours.

IV. — Le compte de coups est tenu par un marqueur spécial ou bien par les concurrents eux-mêmes qui notent les coups les uns des autres ; les comptes notés sont contrôlés à l'issue du jeu à chaque trou. La tournée étant achevée, le compte de chaque concurrent est signé par celui qui l'a tenu et remis au secrétaire ou à son délégué. Ceci fait, aucune correction ou modification n'y peut être apportée à moins que l'on ne trouve qu'une des cartes porte un compte inférieur à celui qui a été fait ; dans ce cas, le joueur est disqualifié.

V. — Si un des concurrents joue son drive en dehors des limites de l'enceinte du tee, il est disqualifié.

VI. — Si une balle se perd, le joueur retourne aussi exactement que possible au point d'où il l'a jouée et il joue sur tee une nouvelle balle, mais il est puni d'un coup. Si la balle perdue se retrouve avant qu'il ait l'autre balle, il continue de jouer avec la première.

VII. — Si la balle du joueur le frappe lui-même, ses clubs ou son caddie, ou si, dans l'acte de jouer, le joueur frappe sa balle deux fois, la punition est un coup.

VII. — Si la balle d'un concurrent frappe l'autre joueur, les clubs ou le caddie de celui-ci, cela constitue un *rub of the green* (risque du jeu) et la balle est jouée d'où elle gît.

Si la balle d'un concurrent se trouvant en repos est bougée par un autre concurrent, ou par son caddie, ou par son club, ou par sa balle, ou par une cause quelconque excepté le vent, on peut la remettre en place sans amende aussi près que possible de l'endroit où elle gisait, sans l'approcher du trou en but.

IX. — Les concurrents doivent veiller à ce que ce soit leur propre balle qu'ils font dans le trou sous peine d'être disqualifiés, mais si avant le prochain coup sur le tee ou avant de livrer la carte au secrétaire, on s'aperçoit que l'on s'est trompé de balle en la faisant dans le trou, on est libre de faire sa propre balle dans le trou sans aucune amende.

X. — Une balle peut être levée d'une position difficile quelconque et jouée derrière cette position comme elle le serait au tee, mais le compte du joueur en sera augmenté de deux coups.

S'il est impossible de la mettre sur tee derrière cette position on peut la mettre sur tee aussi près que possible d'où elle gisait, mais sans l'approcher du trou en but.

XI. — Toutes les balles sont faites dans les trous, sous peine de disqualification. Lorsque la balle d'un concurrent se trouve à 20 mètres du trou, il lui est défendu, sous peine de la perte d'un coup, de jouer avant que le drapeau ne soit enlevé du trou. Si la balle la plus près du trou gêne les autres concurrents ou si, par sa position, elle peut le favoriser on doit, ou la jouer ou la lever, selon le désir de celui à qui la balle en question appartient.

A travers tout le parcours, les concurrents ont le droit de faire lever toute balle qui peut les gêner.

XII. — Il n'est pas permis à un concurrent de jouer avec un professionnel, ni de demander conseil de quiconque autre que son caddie, sous peine d'être disqualifié.

On a le droit d'employer un caddie éclaireur.

XIII. — Les concurrents ne peuvent discontinuer la partie pour cause de mauvais temps, sous peine d'être disqualifiés.

XIV. — Là où, dans les Règles Générales du Golf, l'amende est la perte d'un coup pour l'infraction auxdites Règles Générales, dans le Concours pour la Médaille, l'amende est la perte de deux coups, excepté dans les cas prévus par ces règles spéciales.

XV. — Tout différend est tranché par le Comité des règles du Golf.

XV. — Les Règles Générales en tant qu'elles ne sont pas en conflit avec les Règles Spéciales, régissent le concours pour la Médaille.

Étiquette du Golf.

Les us et coutumes qui suivent font partie de l'étiquette reconnue du Golf et doivent être rigoureusement observés par tous les Golfers.

I. — Un joueur tout seul doit céder le pas en toute occasion à tous les autres joueurs engagés dans une partie régulière.

II. — Nul joueur, caddie ou spectateur ne doit bouger ni parler au moment des coups.

III. — Aucun joueur ne doit partir du tee jusqu'à ce que les autres joueurs dans le match qui le précède aient frappé leur deuxième coup et soient hors de sa portée, ni jouer vers le putting-green jusqu'à ce que les joueurs qui le précèdent aient fait leur balle dans le trou et se soient retirés.

IV. — Le joueur qui part du tee le premier doit avoir tout le loisir de jouer avant que l'adversaire pose sa balle sur tee.

V. — Les joueurs qui ont fait leur balle dans le trou ne doivent pas essayer leur putt à nouveau s'il y a des joueurs qui les suivent.

VI. — Les joueurs occupés à chercher une balle perdue devront laisser passer tout autre match qui s'avance.

VII. — Un match à trois balles et plus, doit laisser passer un match à deux balles.

VIII. — Si dans le cours de la partie, un ou plusieurs joueurs se trouvent à une distance moindre que celle qu'il y a entre deux trous de ceux qui les suivent, ils doivent céder le pas à ceux-ci.

IX. — Le turf déplacé par un coup de club qui l'entame doit être immédiatement remis en place.

X. — Tout joueur doit combler tous les trous et toutes les dépressions faites par lui dans un bunker.

XI. — Il est du devoir de tout arbitre de prendre note de toute infraction aux règles qu'il pourra observer, qu'il en soit ou non consulté.

XII. — Toute partie commencée ailleurs qu'au tee n° 1 doit céder le pas à toute autre partie commencée au premier tee.

NOTES D'ESCRIME

Pour tenir un fleuret, il faut allonger le pouce sur le dos de la poignée, qui offre une partie convexe, et tenir, par-dessous, l'index à côté duquel se placent les autres doigts. Ceux-ci prêtent leur concours spécialement quand il s'agit de parer, d'écarter le fer de l'adversaire ou de résister à une vive action de sa part, tandis que d'ordinaire, et surtout pour tromper le fer, ils se desserrent légère-ment, pour mieux laisser agir le pouce et l'index, qui dirigent l'arme.

Savoir ainsi, à propos, augmenter ou diminuer l'étreinte des doigts autour de la poignée est une des qualités qui constituent ce que l'on appelle « avoir du doigté ». Ce n'est pas la qualité qui manque aux escrimeuses.

Avant de se mettre en garde en face de l'adversaire, on fait divers mouvements qui sont une sorte de salut, relativement rapide par rapport au grand salut appelé : « Le Mur », qui s'exécute par-fois en assaut public.

Se mettre en garde, c'est prendre la position la plus propre pour la défense et l'attaque. Voici la mise en garde, au fleuret — lorsque l'on s'escrime de la main droite, comme c'est le cas le plus fréquent. (Mêmes principes, en sens inverse, lorsque l'on tire de la main gauche.)

Il faut tenir le corps droit, tourné de trois quarts vers l'adver-saire, assez effacé, sans qu'il en résulte de la gène et sans trop découvrir l'épaule droite, ni le bras droit dont il faut un peu rentrer le coude.

Le corps doit être bien assis et équilibré sur les jambes, les jarrets pliés, le pied droit en avant à une distance d'environ une semelle et demie, deux semelles du pied gauche. Cette distance varie un peu selon la conformation de chaque personne.

Par rapport au pied gauche, le pied droit est placé en équerre, la pointe du pied dans la direction de l'adversaire, le talon en face du talon gauche, le genou gauche presque perpendiculaire à la pointe du pied gauche (surtout dans la leçon, pour accentuer la régularité de la tenue).

Le genou droit doit être perpendiculaire au cou-de-pied droit, le bras droit plié à demi, la main droite placée en face de la poitrine à la hauteur du sein droit, et dirigeant le bouton du fleuret vers le visage de l'adversaire, le bras gauche demi-tendu en arrière et servant de contrepoids, la main gauche légèrement arrondie.

La lame du fleuret — munie d'un bouton en fil poissé — est présentée obliquement dans la direction des yeux de l'adversaire que menace la pointe figurée par le bouton (tandis qu'à l'épée on présente plutôt la lame horizontalement, de façon à menacer la main, l'avant-bras, les « parties avancées » de l'adversaire ; et l'on se tient à plus grande distance qu'au jeu de fleuret.)

*
* *

Après avoir été placée en garde, on apprend au début des eçons d'armes, à marcher et à *rompre*, tout en conservant, pour le haut du corps, la même position et en levant les pieds le moins possible.

« Rompre », en langage d'escrime, signifie faire un ou plusieurs pas en arrière.

Pour marcher, étant en garde, on avance le pied droit d'une semelle, en faisant suivre immédiatement le pied gauche de manière à conserver, entre les talons, la même distance.

Pour rompre, on porte le pied gauche en arrière, et on le fait suivre immédiatement du pied droit, en conservant la même distance entre les talons.

Au lieu de marcher, parfois on *gagne la mesure*. Ce mouvement consiste à porter le pied gauche près du droit, que l'on avance ensuite, soit en restant en garde, soit en *se développant*.

De la position de la garde, on passe à celle du développement, en *se fendant*.

Se fendre, se développer, en escrime, c'est se rapprocher de l'adversaire pour le toucher — sans marcher, et au moyen des mouvements suivants :

Allonger le bras droit à hauteur de l'épaule sans incliner le corps, en même temps tendre le jarret gauche, porter le pied droit en avant en rasant le sol (1), à la distance d'une semelle et demie environ, le genou droit perpendiculaire au cou-de-pied, baisser le bras gauche en ouvrant la main, la paume en dehors et un peu au-dessus de la cuisse. Le pied gauche doit rester immobile, à plat, et le haut du corps demeurer droit sur les hanches.

Cette position est dite le *développement*.

Les mouvements que nous venons de décomposer doivent être liés dans l'exécution, lorsque l'élève est suffisamment exercée.

On l'habitue d'abord à « faire partir le bras avant le corps », puis à lier ces deux mouvements avec harmonie en un seul temps.

De la position du développement, on revient à celle de la mise en garde. C'est ce que l'on appelle se relever ou se replacer en garde.

La *notion de la distance* doit être étudiée avec soin.

Une fois l'élève placée en garde, le professeur se met à son tour en garde en face d'elle, et à une distance qu'il lui fait bien observer. A la distance ordinaire, normale, dans les assauts de fleuret, deux escrimeurs ou deux escrimeuses de taille à peu près égale, sont assez éloignés pour que chacun d'eux, ou chacune d'elles, doive se fendre à fond pour arriver à toucher son adversaire à la poitrine.

---

(1) Un défaut masculin à éviter : certains tireurs en se fendant lèvent trop la jambe et font retomber le pied avec bruit. C'est disgracieux et cela nuit à la vitesse.

*
* *

Après ces premiers exercices, on apprend à *engager le fer* dans toutes les lignes. Engager, c'est joindre avec la lame de son fleuret celle de l'adversaire.

Les lames se croisent dans leur partie faible (1).

Les lignes sont les parties de l'espace qui s'étendent de chaque côté du fleuret et dans lesquelles s'exécutent les engagements et les divers mouvements et coups d'escrime.

La ligne du *dedans* occupe le côté gauche du fleuret; celle du *dehors*, le côté droit.

En d'autres termes, on est en *dedans* lorsque le fleuret étant engagé, on a celui de son adversaire sur sa gauche; et réciproquement, on est en *dehors* quand on l'a sur sa droite.

De plus, on peut être engagée en *ligne haute* ou en *ligne basse*, la pointe étant dirigée en haut ou en bas.

De la combinaison de ces deux sortes de lignes résultent quatre lignes.

Et, dans chacune d'elles, on peut engager le fer en tenant le fleuret avec deux positions différentes de la main : soit les ongles plus ou moins tournés en dessus, soit plus ou moins tournés en dessous.

Suivant que l'on prend l'une ou l'autre de ces deux positions du poignet, l'engagement prend un nom différent : cela fait deux engagements par ligne, au total huit, qui ont été dits engagements de *prime, seconde, tierce, quarte, quinte, sixte, septime, octave.*

D'ordinaire, on engage le fer dans la ligne haute, en quarte ou en sixte.

Ce sont les engagements les plus usités; aussi donnent-ils souvent leur nom à la ligne même à laquelle ils appartiennent.

Tenir l'engagement, ou *se couvrir* ou *prendre l'opposition,* c'est, dans la ligne où l'on est engagée, fermer la ligne de façon à ne pas

---

(1) Le « fort » de la lame est la partie la plus rapprochée de la monture; le « faible » est la partie la moins épaisse.

être touchée par le coup droit. L'opposition, pour les lignes du dedans, se prend en portant le poignet vers la gauche; pour les lignes du dehors, en portant le poignet vers la droite — sans exagération, dans les deux cas.

Pour *changer d'engagement* de ligne haute à ligne haute, on passe la pointe sous la lame adverse; de ligne basse à ligne basse, on passe la pointe par-dessus.

**

Quelques notions maintenant sur les *attaques*.

Les attaques ou actions offensives, en escrime, sont *simples* ou *composées*.

Une attaque est simple lorsqu'elle ne comprend qu'un mouvement.

Elle se fait par *coup droit*, par *dégagement*, ou par *coupé*.

Le *coup droit*, le plus simple de tous, est le fait de diriger sa pointe vers l'adversaire en cherchant à le toucher directement, sans changer de ligne. C'est le mouvement qui termine tous les coups portés.

Le *dégagement* ou *dégagé* consiste à faire passer sa pointe d'une ligne dans une autre pour l'y diriger vers le corps.

Les dégagements les plus usités se font de ligne haute à ligne haute; pour les exécuter, on fait agir avec souplesse les doigts, principalement le pouce et l'index, et l'on fait passer la pointe par la ligne la plus courte sous le fer de l'adversaire, ou, suivant les cas, surtout suivant la distance, sous son avant-bras, en déployant le bras devant soi.

Pour celles d'une ligne haute à l'autre, il y a un autre moyen (moins fréquent) que le dégagement; c'est le *coupé*, qui consiste à faire passer sa pointe par-dessus celle de l'adversaire par l'action des doigts et du poignet.

**

Parades. — La parade est le fait de détourner avec sa lame le fer de l'adversaire.

(Dans l'ancienne escrime, on parait à l'occasion avec la main gauche.)

La *parade simple* est celle qui détourne le fer dans la ligne même où elle se présente pour atteindre le corps.

La rencontre des fers peut se faire avec deux positions différentes de la main, les ongles tournés (plus ou moins complètement) en dessus ou en dessous, de même que lorsque l'on engage.

De là résulte qu'il y a autant de parades simples que d'engagements ; elles correspondent aux huit engagements indiqués et portent les mêmes noms. Ce sont les parades de *prime, seconde, tierce, quarte, quinte, sixte, septime* et *octave*.

Ces huit parades ont chacune leur *contre*.

Les *contres* ou *parades circulaires* sont celles qui envoient, par un mouvement circulaire, le fer du côté opposé à celui où il se dirige : après avoir paré on se trouve dans la même ligne qu'avant l'attaque.

On combine souvent les parades simples et les contres pour parer des *attaques composées*.

Lorsque l'on fait deux fois de rang le même contre, cela s'appelle parer par le *double contre*.

Les parades les plus usitées sont : dans la ligne haute la quarte et la sixte et leurs contres ; — dans la ligne basse, la seconde et la septime.

Pour alterner avec la sixte, dans la même ligne, on emploie la tierce, surtout à l'épée.

*
* *

Les *attaques composées* sont celles où l'on fait précéder la finale du coup *feintes* ou d'*attaques au fer*.

Feintes et attaques au fer peuvent se combiner dans l'attaque composée.

La *feinte* est la fausse démonstration d'attaque dans une ligne pour attirer le fer de l'adversaire dans cette ligne, afin de frapper l'adversaire dans une autre ligne, ou dans celle-là même, mais un peu plus tard qu'il ne pensait.

Les attaques au fer ont pour but d'ébranler ou de dérouter l'adversaire en l'attirant là où on ne veut pas l'attaquer ou de déplacer vivement son fer, soit pour l'écarter d'une position menaçante, soit pour se frayer l'accès au corps.

On distingue plusieurs façons d'attaquer le fer : par *double engagement, battement, faux battement, froissement* où *froissé, pression, liement* et *croisé*.

Des battements et des froissés exécutés d'une façon violente ne conviennent guère à l'escrime féminine, où, en fait de force, la vivacité et le « mordant » doivent suffire.

Une attaque, qu'elle soit simple ou composée, est dite *franche*, lorsque l'on tire réellement « à toucher », au lieu de faire une *fausse attaque*. Celle-ci peut être destinée à étudier le jeu de l'adversaire, à permettre de voir quelles parades il est disposé à prendre, etc.

Elle est destinée le plus souvent à « faire partir » l'adversaire pour parer sa *riposte* et répliquer par une *contre-riposte*.

La *riposte* est le coup porté à l'adversaire après avoir paré une attaque. C'est une « réplique ».

Il est souvent utile de riposter, même sans espoir de toucher, pour empêcher l'adversaire de *redoubler*, de porter un second coup.

Lorsqu'une riposte *directe* (dans la ligne même où l'on a paré) suit immédiatement la parade, en détachant bien le fer, elle est dite riposte du *tac au tac*.

La *contre-riposte* est la riposte qui suit la parade d'une riposte.

Le *coup d'arrêt* a pour but, sur certaines attaques de l'adversaire, de le devancer aussitôt que possible et de l'arrêter de préférence dès son premier mouvement.

NOTES SUR DIVERS SPORTS

A certains sports, malgré leur importance, je dois consacrer simplement quelques notes, soit qu'ils aient une clientèle féminine très restreinte, soit qu'ils ne conviennent guère aux jeunes filles, aux femmes, ou qu'ils restent trop spéciaux à certaines régions.

AÉROSTATION

Si, par femmes-aéronautes, on entend les simples passagères, on peut déjà établir une liste relativement longue.

Mais s'agit-il de nommer les femmes capables de piloter un ballon, comme Mme Surcouf, nommée pilote de l'Aéro-Club, la liste est encore très courte, en l'an de grâce 1907.

D'après un de nos confrères, dans la période qui va de 1783 à 1849, « quarante-neuf femmes ont accompli des ascensions; l'une d'elles, Mme Blanchard (¹), a traversé la Manche en ballon.

En France, la première aéronaute fut une nommée Mme Tible, qui partit de Lyon.

En Angleterre, ce fut Mme Sage qui, la première, ascensionna (²).

---

(1) Mme Blanchard tira imprudemment un feu d'artifice en ballon et fit une chute mortelle. Le 6 juillet 1819 elle s'élevait des jardins de Tivoli, à Paris (rue Saint-Lazare); elle retomba avec son ballon en flammes sur une maison de la rue de Provence, puis fut projetée sur le sol.

(2) Mais ce point d'histoire est discuté.

Parmi les Anglaises, on peut citer encore, miss Stocks et Mme Graham. Celle-ci fut grièvement blessée au cours d'une ascension qu'elle effectua avec son mari.

En 1870, une Française, Mme Portevin, offrit ses services comme aéronaute. De nos jours, qui ne connaît Mmes Bezançon, du Gast, Savary, Surcouf, Lachambre, pour la plupart femmes d'aéronautes séduites par les expériences de leurs maris?

Nommons encore Mme Dugué de La Fauconnerie, des artistes comme Mmes Antoinette Rozé et la belle Otero. »

Beaucoup d'ascensions féminines seraient à mentionner. Quelques-unes ont amené des accidents graves.

Rappelons notamment la mort de Mme Galland, en 1875, et, d'autre part, la mésaventure de Mlle Fanny Godard qui, partie d'Amsterdam en compagnie de Kehrer, descendit dans le Zuiderzée, au milieu de la nuit et par une mer démontée. Un navire les recueillit. Mlle Godard eut un bras cassé au cours de la manœuvre.

Dans une intéressante liste dressée par ordre alphabétique, on cite parmi les femmes aéronautes, Mmes la duchesse d'Aoste, princesse Thérésa de Bavière, Balsan, de La Baume-Pluvinel, Duruof, Garnerin, Amélie Louis Godard, Éva Godard, L. Maison, duchesse de Marlborough, Nadar, archiduchesse Bianca Léopold Salvator d'Autriche, Sarah-Bernhardt, Serpollet, Severo, princesse de La Tour d'Auvergne, duchesse douairière d'Uzès, etc.

Et l'on cite un certain nombre de jeunes filles, voire de fillettes, telles que Mlle Suzanne Boulenger qui, âgée de douze ans, partit avec son frère, pilote de l'Aéro-Club.

Mais le record de la jeunesse appartient — d'après M. François Peyrey — à l'archiduchesse d'Autriche Immaculata, âgée de huit ans, que ne troubla point cette ascension.

En revanche, on parle d'une centenaire anglaise qu'aurait tentée le voyage dans les airs.

Un prix spécial pour femmes aéronautes a été créé, il y a quelques années, par la revue *La Vie au Grand Air*.

Ce prix, une Coupe, était réservé à la femme accomplissant le plus long parcours en ballon, en pouvant se faire accompagner par un pilote.

La Coupe a été gagnée d'abord par Mme Magdeleine Savalle (à la suite d'un parcours de 408 kilomètres); Mme Saunière, en juillet 1903, fit le parcours de Paris à Bayreuth (680 kilomètres). (Elle était accompagnée par son mari et par MM. Bacon et Decauville.)

Puis miss Moulton, partie le 13 octobre 1903 du parc de l'Aéro-Club à bord du *Centaure*, que conduisait le comte de Castillon, accompagné de M. André Legrand, atterrit le lendemain près de Breslau, après dix-neuf heures de voyage environ. La distance parcourue était de onze cents kilomètres.

Miss Moulton gagna ainsi à son tour la Coupe de la V. G. A.

Parmi les premières concurrentes de cette épreuve, citons : Mlle Germaine Lapeyre, Mlle Pinch, Mme Maguel, Mme Henriette Delaunay, Mlle Lina de Vita, Mlle de Longe, Mlle Berthe de Nysé, Mlle Juliette Naës, Mme Lemaire.

Accompagnée de son mari, la duchesse d'Uzès, née de Luynes, concourut aussi pour la Coupe, en juillet 1903. Son ascension fut écourtée par suite d'un orage.

D'autre part, citons Mme Camille Flammarion ; Mlle Klumpke, astronome, qui effectua plusieurs ascensions scientifiques ; Mme Brewer, qui a traversé la Manche en ballon, etc.

Terminons par les voyages en ballon automobile.

Mme Paul Lebaudy fut la première passagère du célèbre dirigeable portant le nom de son mari. Mme Pierre Lebaudy y ascensionna à son tour.

LE SKI

Dans les pays où la neige séjourne longtemps, le sport du ski a pris une grande extension.

Né en Norwège, il a été adopté en Allemagne, puis en Autriche, en Suisse, en France, etc. Sur toute l'étendue de la chaîne des Alpes, on le pratique de plus en plus.

Au point de vue militaire, rappelons que l'usage du ski a été introduit parmi nos chasseurs alpins.

En tant que sport, le ski est précieux pour de grandes excursions. Il donne lieu à d'amusants concours, non seulement entre « skieurs », mais entre femmes et jeunes filles. On organise aussi des courses d'enfants.

Le ski est, en somme, un patin spécial très long et formé d'une lame de frêne prise dans le fil du bois; cette lame, légèrement courbe, ne devient horizontale que sous le poids du skieur. Elle est plus épaisse dans la partie centrale. L'extrémité d'avant, après une partie large, se redresse en pointe.

Tous les détails du ski, que complète la monture, le point d'attache du pied, sont calculés de façon à permettre le bon fonctionnement de l'appareil sur la neige.

Les bâtons dont se servent les skieurs sont munis d'une sorte de petite raquette circulaire ou d'une rondelle placée près de la pique (ou du tranchant), pour que le bâton n'enfonce pas trop dans la neige.

Fig. 60. — Jeunes « skieuses » suédoises.

LE TOBOGGANNING

C'est un sport spécial aux régions montagneuses, offrant des neiges épaisses et des pentes d'une longueur de 1 kilomètre au moins avec des détours, des sinuosités variées.

On s'exerce à ce sport soit avec la *luge*, petit traîneau suisse, soit avec le *toboggan* américain, soit avec le *bobsleigh*, pour plusieurs personnes.

Sur la luge, on est assis, tandis que le *skeleton* américain se monte à plat ventre.

Aussi ne paraît-il guère convenir aux jeunes filles, aux femmes. Constatons cependant que des sportswomen anglaises et américaines en villégiature à Arosa, à Davos, à Saint-Moritz, ne craignent pas de s'élancer sur un toboggan dans la position indiquée et qu'elles accomplissent de savants virages à toute vitesse.

Le bobsleigh est un toboggan de plus grande dimension, et où plusieurs personnes sont assises.

Il y a, depuis quelques années, des bobsleighs avec volant de direction, frein puissant d'un nouveau genre, etc.

On forme des équipes mixtes, autrement dit composées d'hommes et de femmes. Mais il y a aussi des « teams » uniquement composés de femmes, de jeunes filles.

En 1906, ce fut un « bob » dirigé par miss Freeman qui gagna les principales courses organisées à Davos.

YACHTING

Aux États-Unis, un certain nombre de jeunes filles et de femmes acquièrent des connaissances techniques qui surprendraient de véritables « loups de mer ».

Mais en France, qu'il s'agisse de la voile ou de la vapeur, nos yachting-ladies cherchent moins, généralement, et sauf exceptions, à posséder ces connaissances spéciales.

Elles sont plutôt comme d'aimables et brillantes passagères sur les bateaux de plaisance qui leur appartiennent ou à bord desquels elles sont invitées.

Diverses croisières ont été faites autrefois par la princesse de Sagan, par la baronne Ad. de Rothschild, etc.

En ces dernières années, on cite notamment celles qui ont été accomplies par la comtesse René de Béarn, Mme Hériot, par la baronne de Forest, la comtesse de Faverney, etc.

Pour le yachting automobile, rappelons les exploits de Mme Camille du Gast et de Mlle Noilhan.

Pour la voile, citons Mme J. Valton, Mme Lavergne, Mme Guiffrey, Mlle Suzanne Billard, etc.

SPORTS DE DÉFENSE PERSONNELLE

(Boxe, Lutte, Jiu-Jitsu).

Ces sports ne vous conviennent guère, Mesdemoiselles, et d'une façon générale, ne sont guère admissibles que pour des « femmes-athlètes », des « femmes-colosses », ou autres foraines remarquables, soit par leur force, soit par une endurance et une souplesse de professionnelles entraînées.

Certes, nous avons vu des femmes faire de la boxe française (1) avec tant de souplesse qu'elles n'étaient pas, à proprement parler, disgracieuses : et l'on ne pouvait contester la légèreté avec laquelle elles portaient des coups de pied et revenaient en garde. On fût resté plus choqué de ce spectacle, s'il n'avait été donné par des professionnelles dans un music-hall.

A plus forte raison, si elles avaient fait uniquement de la boxe anglaise, l'impression eût été d'emblée plus fâcheuse.

Au point de vue pratique, trouveriez-vous grand avantage pour votre défense personnelle dans l'étude de la boxe ?

Si seulement après quelques leçons on pouvait cesser de cultiver les coups et parades que l'on vient d'apprendre...

Mais, en réalité, un jeu même simplifié doit être répété de temps en temps, si l'on veut pouvoir en tirer parti ; il faut rester plus ou moins entraîné, se refaire la main et la jambe assez fréquemment, si l'on veut utiliser vraiment les notions apprises.

Je ne vous vois point, Mesdemoiselles, vous astreignant indéfiniment à la pratique d'un sport qui ne vous sied pas, et dont vous n'aurez probablement pas la moindre occasion de vous servir, dans les milieux auxquels vous appartenez.

---

(1) La boxe française comprend à la fois les coups de poing de la boxe anglaise et les coups de pied de l'antique « savate » ou « chausson ».

Quant aux pauvres femmes qui, en d'autres milieux, ont affaire à des brutaux poussés par la boisson ou simplement par leurs mauvais instincts, elles ne feraient généralement, après avoir porté un coup qui bien rarement pourrait être décisif, que les surexciter davantage.

Qu'elles cherchent à les maîtriser ou à les retenir quelque peu, en appelant au secours : c'est ce qu'elles auront, le plus souvent, de mieux à faire.

Quelques-unes recourent au couteau, au poignard, aux ciseaux, à l'épingle à chapeau...

Mais c'est assez évoquer de tristes milieux.

Quelques mots pour terminer, sur le jiu-jitsu, qui comprend à la fois un système d'éducation physique et une méthode de défense personnelle.

Cette méthode comporté beaucoup de souplesse : « jiu-jitsu » signifie, d'ailleurs, « l'art de la souplesse ».

A ce compte, elle conviendrait aux femmes, et, d'ailleurs, un certain nombre d'Américaines et d'Anglaises ont tenu à prendre des leçons.

Mais notons d'abord que là aussi les coups que l'on a appris doivent être répétés de temps à autre, si l'on veut pouvoir en tirer parti, car il faut pouvoir les exécuter rapidement, à propos, et avec précision.

En somme, l'objection déjà faite précédemment s'impose de nouveau. Même s'il s'agissait d'un court apprentissage, suffisant à jamais, on pourrait trouver qu'il ne vous convient guère d'étudier l'art d'étrangler son adversaire (oh ! c'est enseigné comme moyen défensif !) et de se rendre soi-même inétranglable, ou de réduire l'assaillant par des torsions variées, depuis celles des doigts jusqu'à celles de la tête, de prendre les membres à faux, de les enserrer en de savantes « clés », d'exercer des pressions plus ou moins dangereuses sur les points sensibles du corps, etc.

Tout cela fait partie du jiu-jitsu.

Vous avez heureusement pour vous, Mesdames et Mesdemoiselles, d'autres moyens de défense : ce que l'on appelle les « armes

de la femme », ce sont vos attraits, et non pas seulement vos attraits physiques, mais vos qualités de caractère. La finesse et la
douceur sont souvent très puissantes, surtout de votre part, et c'est
plutôt le « sexe fort » qui se trouve maintes fois désarmé devant
vous, maîtrisé et réduit à merci sans le moindre effet de force,
sans la moindre ruse de jiu-jitsu !

JEUX DIVERS

Il ne rentre pas dans le cadre de ce livre de parler de jeux de
différentes sortes, plus ou moins sportifs, depuis le croquet jusqu'au
diabolo, si à la mode en 1907 !

TABLE DES MATIÈRES

PREMIÈRE PARTIE

(Éducation physique proprement dite.)

DEUXIÈME PARTIE

(Deux jeux sportifs. — Quelques sports peu coûteux.)

TROISIÈME PARTIE

(Sports de Luxe.)

CHAPITRE COMPLÉMENTAIRE

8174. — Paris. — Imp. Hemmerlé et Cⁱᵉ. — 9-07.